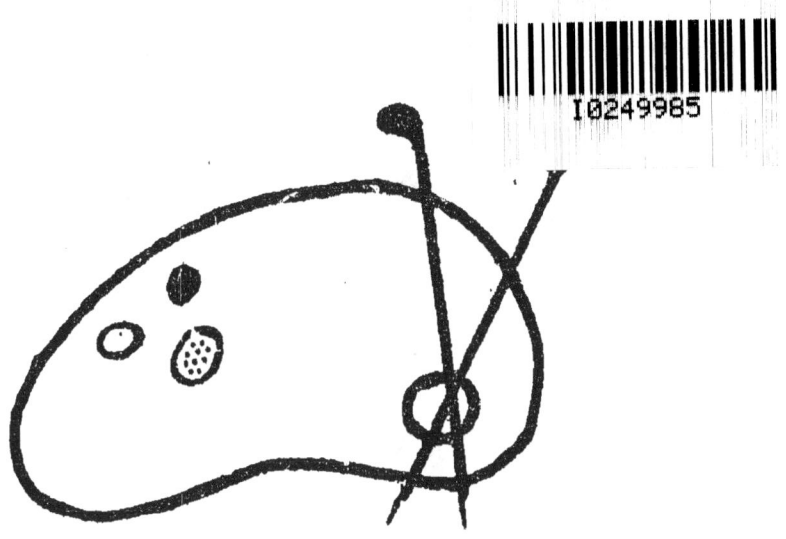

Couvertures supérieure et inférieure
en couleur

FRANÇOIS COPPÉE

Contes rapides

PARIS

ALPHONSE LEMERRE, ÉDITEUR

23-31, PASSAGE CHOISEUL, 23-31

M DCCC LXXXIX

ŒUVRES COMPLÈTES
DE
FRANÇOIS COPPÉE

Édition in-18 Jésus, papier vélin.

POÉSIE

Premières poésies (*Le Reliquaire.* — *Poèmes divers.* — *Intimités*). 1 v.	3 »	Contes en vers et Poésies diverses. 1 vol.	3 »
Poèmes modernes. 1 vol	3 »	Pour le Drapeau. 1 vol.	» 50
La Bénédiction, poème. 1 vol.	» 50	Aux Bourgeois d'Amsterdam. 1 vol.	» 50
La Grève des Forgerons, poème. 1 v.	» 75	Les Boucles d'Oreilles. 1 vol.	» 75
Lettre d'un Mobile breton. 1 vol.	» 50	Le Petit Épicier. 1 vol.	» 50
Plus de sang! (*Avril 1871*) 1 vol.	» »	La Nourrice. 1 vol.	» 75
Les Humbles. 1 vol.	3 »	En province. 1 vol.	» 75
Le Cahier rouge. 1 vol.	3 »	Le Liseron. 1 vol.	» 75
Olivier, poème. 1 vol.	2 »	La tête de la Sultane. 1 vol.	» 75
Le Naufragé, poème. 1 vol.	» 50	Résurrection? 1 vol.	» 50
Les Récits et les Élégies (*Récits épiques.* — *L'Exilée.* — *Les Mois.* — *Jeunes filles.*) 1 vol.	3 »	L'Amiral Courbet. 1 vol.	» 50
		Le Banc. 1 vol.	» 50
		Le Défilé. 1 vol.	» 50
La Veillée, poème. 1 vol.	» 50	Le Roman de Jeanne. 1 vol.	» 75
La Marchande de journaux, conte parisien	» 75	Arrière-Saison. 1 vol.	2 »
		Une mauvaise Soirée. 1 vol.	» 75
La Bataille d'Hernani, poésie. 1 vol.	» 50	À une pièce d'or. 1 vol.	» 50
La Maison de Molière. 1 vol.	» 50	À l'Empereur Frédéric III. 1 vol.	» 50
L'Épave, poème.	» 50	À Brizeux. 1 vol.	» 50
L'Enfant de la Balle. 1 vol.	» 75		

THÉÂTRE

Le Passant, comédie en un acte, en vers. 1 vol.	1 »	La Guerre de Cent Ans, drame en cinq actes, avec prologue et épilogue, en vers, en collaboration avec A. d'Artois. 1 vol.	3 »
Deux douleurs, drame en un acte, en vers. 1 vol.	1 50		
Fais ce que dois, épisode dramatique en un acte, en vers. 1 vol.	1 »	Le Trésor, comédie en un acte, en vers. 1 vol.	1 50
L'Abandonnée, drame en deux actes, en vers. 1 vol.	2 »	La Korrigane, ballet fantastique en deux actes, en collaboration avec L. Mérante. 1 vol.	1 »
Les Bijoux de la délivrance, scène en vers. 1 vol.	» 75		
Le Rendez-vous, comédie en un acte, en vers. 1 vol.	1 »	Madame de Maintenon, drame en cinq actes, en vers. 1 vol.	3 »
Prologue d'ouverture pour les matinées de la Gaîté. 1 vol.	» 50	Severo Torelli, drame en cinq actes, en vers. 1 vol.	2 50
Le Luthier de Crémone, comédie en un acte, en vers. 1 vol.	1 50	Les Jacobites, drame en cinq actes, en vers. 1 vol.	2 50

PROSE

Une Idylle pendant le siège. 1 vol.	3 »	Vingt contes nouveaux. 1 vol.	3 50
Contes en prose. 1 vol.	3 50	Contes Rapides. 1 vol.	3 50

Paris. — Imprimerie A. LEMERRE, 25, rue des Grands-Augustins.

8° Y² 41891

Contes rapides

ŒUVRES COMPLÈTES
DE
FRANÇOIS COPPEE

ÉDITION ELZÉVIRIENNE

Volumes in-12 couronne, imprimés en caractères antiques sur papier teinté.

Poésies — (1864-1869) — *Le Reliquaire.* — *Intimités.* — *Poèmes modernes.* — *La Grève des Forgerons.* — 1 vol. avec portrait de l'auteur, par Rajon. . 5 fr.

Poésies — (1869-1874) — *Les Humbles.* — *Écrit pendant le siège.* — *Plus de sang !* — *Promenades et intérieurs.* — *Le Cahier rouge.* — 1 vol. . . . . . 5 fr.

Poésies — (1874-1878) — *Olivier.* — *Les Récits et les Élégies.* — 1 vol. . . . . 5 fr.

Poésies — (1878-1886) — *Contes en Vers et Poésies diverses.* — 1 vol. . . . . 5 fr.

Théatre — (1869-1872) — *Le Passant.* — *Deux Douleurs.* — *Fais ce que dois.* — *L'Abandonnée.* — *Les Bijoux de la Délivrance.* — 1 vol. . . . . . . 5 fr.

Théatre — (1872-1878) — *Le Rendez-vous.* — *Le Luthier de Crémone.* — *La Guerre de Cent ans.* 1 v. 5 fr.

Théatre — (1878-1881) — *Le Trésor.* — *La Bataille d'Hernani.* — *La Maison de Molière.* — *Madame de Maintenon.* — 1 vol. . . . . 5 fr.

Théatre — (1881-1885) — *Severo Torelli.* — *Les Jacobites*, 1 vol. . . . . 5 fr.

Prose. — Tome Ier. — *Une Idylle pendant le siège.* — *Contes en prose.* — 1 vol. . . . . 5 fr.

Prose. — Tome II. — *Vingt Contes nouveaux.* 1 vol. 5 fr.

Il est tiré quelques exemplaires des Œuvres de François Coppée sur papier de Hollande,
sur papier Whatman et sur papier de Chine.

Tous droits réservés.

FRANÇOIS COPPÉE

Contes rapides

PARIS

ALPHONSE LEMERRE, ÉDITEUR

23-31, PASSAGE CHOISEUL, 23-31

M DCCC LXXXIX

A

FRANCIS MAGNARD,

Son Ami,

F. C.

L'Invitation au Sommeil

L'Invitation au Sommeil

I

QUAND il n'était qu'un tout petit garçon, autrefois, chez ses braves gens de père et mère, c'était le meilleur moment de la journée.

Le dîner était fini; la maman, après avoir donné un coup de serviette à la toile cirée, servait la demi-tasse du père, — du père qui, seul, prenait du café, non par luxe et gourmandise, mais parce qu'il devait veiller très tard à faire des écritures. Et tandis que le bonhomme sucrait son moka, — un seul morceau, bien entendu ! — devant toute la famille assise autour de la table ronde, la maman, — une boulotte de quarante ans, encore fraîche, tournant sans cesse vers son mari de tendres et intelligents regards de chien fidèle, — la maman apportait le panier à ouvrage. Les trois sœurs, nées à un an de distance, se ressemblant, chastement jolies, avec les robes taillées dans la même pièce d'étoffe et les honnêtes bandeaux plats des filles sans dot qui ne se marieront pas, commençaient à ourler des mouchoirs; et lui, le gamin, le dernier-né, le Benjamin, exhaussé sur sa chaise haute par une Bible de Royaumont in-quarto, édifiait un château de cartes.

En Juillet, dans les longs jours, on allumait la lampe le plus tard possible, et, par la fenêtre ouverte, on voyait un ciel orageux de soir d'été, aux nuages bouleversés, et le dôme des Invalides, tout écaillé d'or, dans la fournaise du couchant.

Comme c'est très mauvais pour la digestion d'écrire comme ça tout de suite après dîner, on faisait un peu causer le père, afin de retarder le moment où il se mettrait à son travail du soir :

des copies de mémoires, à six sous le rôle, pour un entrepreneur du quartier. Le pauvre homme, une nature de rêveur, un esprit littéraire, qui jadis, dans sa chambre d'étudiant, avait rimé des odes philhellènes, en était arrivé là, ayant perdu l'espoir de passer sous-chef, et employait toutes ses soirées à copier du jargon technique : « Démonté et remonté la serrure... Donné du jeu à la gâche, etc., etc. »

Mais, pour le moment, il s'oubliait à bavarder avec sa femme et ses filles.

Gaîment, car tout allait à peu près bien dans l'humble ménage. Un marchand de bons-dieux de la place Saint-Sulpice avait offert à l'aînée, la grande Fanny, l'artiste, celle dont les « anglaises » blondes faisaient rêver tous les rapins du Salon Carré, de lui payer cinquante francs son pastel d'après la *Vierge au coussin vert*. La seconde, Léontine, avait « pioché » toute la journée son *Menuet de Boccherini*. Quant à la grosse Louise, la cadette, elle ne pensait qu'à la coquetterie, décidément. Ne voilà-t-il pas qu'elle parlait — s'il y avait des gratifications au 15 août — de s'arranger une petite capote, pareille à celle qu'elle avait vue chez la modiste de la rue du Bac !

— « Louise, mon enfant, — s'écriait le père, — tu fais des chapeaux en Espagne ! »

Et l'on riait.

Mais la maman pensait au sérieux, elle. Si le père obtenait une gratification, elle avait remarqué, au Petit-Saint-Thomas, un mérinos, bon teint et grande largeur, « pour vos robes d'hiver, mesdemoiselles. » Et elle ajoutait gravement : « C'est tout laine ! » comme si le coton n'eût jamais existé, et comme si, à cause de lui, des milliers de nègres n'eussent pas souffert plusieurs siècles d'esclavage.

Tout à coup, — il faisait presque nuit dans la chambre, — le père s'apercevait que son petit garçon venait de s'endormir, la tête sur son bras replié, parmi l'écroulement du dernier château de cartes.

— « Ah ! ah ! — disait joyeusement le brave homme, — le « marchand de sable » a passé. »

L'exquise minute ! Il ne l'oubliera jamais, le gamin, qui a des cheveux gris maintenant ! Sa mère le prenait dans ses bras, et il sentait la barbe rude de son père et les lèvres fraîches de ses trois sœurs se poser tour à tour sur son front ensommeillé ; puis, avec une délicieuse sensation d'évanouissement, il laissait tomber sa petite tête sur l'épaule maternelle, et il entendait confusément une voix douce — oh! si douce et si caressante! — murmurer près de son oreille :

« Maintenant, il s'agit de faire dodo! »

II

Vingt ans plus tard, il était un poète inédit, un étudiant en rimes, et il faisait une partie de campagne avec sa chère petite Maria, une modiste ressemblant à une madone du Corrège, qui serait anglaise.

A l'arrivée, en descendant de la voiture publique et en déposant leur léger bagage dans la chambre d'auberge, ils avaient bien ri, elle et lui, du brevet de maître d'armes encadré, du bouquet de fleurs d'oranger sous un globe, du grand lit à bateau et du papier de tenture où se reproduisait à l'infini le nabab fumant son chibouck sur un éléphant. Mais, quand ils eurent ouvert la fenêtre donnant sur la campagne et qu'ils virent devant eux la route forestière, la route humide et verte, fuyant sous les châtaigniers, ils poussèrent un cri de joie, les Parisiens, et, dans leur enthousiasme, ils se donnèrent un baiser en pleine bouche, devant la nature.

Et depuis deux jours, — deux jours de Juin, trop chauds, à l'atmosphère de bains, trempés de courtes averses, — ils vivaient là, battant les bois du matin au soir, et, avant de se coucher, laissant la fenêtre entr'ouverte pour être réveillés par les pinsons.

Et ils étaient si heureux, si heureux, qu'ils avaient oublié tout leur passé et qu'il leur semblait avoir toujours habité cette chambre rustique. Elle y avait mis le charme de l'intimité, la jolie blonde, en jetant, au retour des folles promenades, son ombrelle sur le couvre-pied du lit, et en posant sur le globe aux fleurs d'oranger son coquet chapeau de grisette.

Déjà il avait eu des maîtresses, mais celle-ci était vraiment la première, la seule qu'il eût aimée ainsi, avec cet abandon, avec cette confiance. Douce, silencieuse, aimante, et si mignonne, avec des yeux tendrement malins ! Il était fou d'elle, fou de l'odeur fraîche qu'elle exhalait, de ses mots d'enfant, de la moue si sage et si sérieuse de sa bouche, quand elle était pensive. Et elle l'aimait si naïvement, et, s'il restait deux jours sans la voir, elle lui écrivait, d'une grosse écriture maladroite, de si adorables lettres, pleines de sentiment et de fautes d'orthographe!

Voilà longtemps qu'il projetait de faire cette bonne partie, longtemps qu'il n'avait pas pu. Pourquoi? Parce que la liberté est rare, et aussi à cause de ce bête d'argent qui manque toujours. Mais enfin, ils s'en étaient donné tous les deux, du bon temps et du grand air. Ils avaient mangé des artichauts à la poivrade sous la tonnelle fleurie de capucines, bu du « reginglet » qui râpe le gosier, couché dans des draps de paysan, bien blancs et bien rudes; ils avaient surtout couru au hasard sous le taillis, où elle avait cueilli et mangé des mûres et des fraises sauvages, et où, comme un berger de Théocrite et comme un calicot du dimanche, il avait gravé son initiale et celle de Maria, avec son canif, sur l'écorce blanche d'un bouleau.

Mais l'instant le plus doux de ces douces heures, — l'instant dont le souvenir fera naître encore un souvenir sur ses lèvres de vieillard, dans quarante ou cinquante ans, quand il traînera sa canne d'invalide sur le sable de la Petite-Provence, — ce fut vers onze heures du soir, la veille du départ.

Comme il pleuvait à verse, ils s'étaient attardés devant la cheminée de la cuisine, lui, séchant ses gros souliers de chasse, elle, arrangeant la gerbe de fleurs des champs qu'elle voulait rapporter à Paris. Puis, ils étaient remontés dans leur chambre, où ils avaient fourbancé quelque temps, en riant d'entendre, dans la salle basse, traîner la jambe boiteuse de l'aubergiste, qui fermait ses volets. Enfin tout s'était tu; la pluie avait cessé, et ils s'étaient sentis tout à coup environnés par le grand silence et la profonde solitude de la campagne nocturne.

Sans rien dire, elle prit l'unique bougeoir, le posa sur la cheminée, devant la glace sombre et tachée par les mouches, et elle commença sa toilette de nuit. Lui, plongé au fond du grand fauteuil, les jambes croisées, la regardait, tout engourdi de bonheur et de fatigue.

Elle avait retiré sa robe et son jupon, et, gardant seulement son corset de satin noir qui étreignait sa taille mince, elle levait gracieusement, pour tordre son chignon, ses bras un peu grêles au-dessus de sa tête, quand elle vit dans la glace son amant qui lui souriait, et elle lui rendit son sourire.

Comme il l'aimait, dans ce moment-là! Comme il l'aimait bien! Sans désirs. Deux nuits d'ivresse les avaient éteints. Mais il était plus tendre encore dans son accablement. Devant le lit préparé, qui embaumait la lavande, devant les deux oreillers jumeaux, il savourait d'avance la volupté délicate de s'abandonner à l'étreinte de son amie, de lui dire bonsoir dans un baiser sans fièvre et de s'endormir sur ce cœur simple, qui ne battait que pour lui.

Et c'est alors que, semblant deviner sa pensée, elle était venue s'asseoir sur ses genoux, l'avait pris dans ses petits bras, et, le regardant de tout près avec ses yeux fins et doux que fermait à demi le sommeil, elle lui avait dit, câline comme un enfant qui veut être bercé, et d'une voix mourante de lassitude :

« Maintenant, il s'agit de faire dodo! »

III

Aujourd'hui, il se fait vieux, le conteur d'histoires d'amour, le marchand de rêves. Cinquante ans tout à l'heure; les cheveux poivre et sel, la patte d'oie au coin de l'œil et l'estomac gâté, — une mauvaise pierre dans son sac, comme on dit.

Ce matin, lorsqu'il s'est réveillé, la bouche amère, et qu'il a lu le billet de faire-part, il n'a pas voulu, tout d'abord, aller à cet enterrement. Saluer le cercueil d'un homme qu'il méprisait! A quoi bon cette hypocrisie? C'était un « confrère », sans doute, — quel mot absurde! — mais un drôle, une plume vénale. Pourtant, il n'avait pas eu à se plaindre de ce malheureux. Au contraire. Sans intérêt personnel, par simple goût, ce journaliste lui avait toujours montré une sympathie dont il rougissait, l'avait loué avec tact et même chaudement défendu dans de mauvais jours. On était.

sinon des amis, du moins des camarades; on se serrait la main quand on se rencontrait, par hasard, dans la rue, aux « premières ». Allons! il suivrait ce convoi; il devait au mort cette politesse.

Et, par ce sale et pluvieux matin de Novembre, il s'était rasé et habillé de bonne heure, il avait déjeuné à la hâte, — les œufs n'étaient pas frais, pouah! — il avait pris un fiacre qui sentait le chien mouillé, et il était arrivé en retard à l'église, quand le service funèbre était presque terminé.

— « Portez... armes! Présentez... armes! »

Et le tambour voilé battait aux champs.

Des soldats?... Ah! oui, c'est vrai, il y a une croix d'honneur sur le catafalque. Celui qu'on enterrait l'avait autrefois ramassée dans la boue d'une intrigue politique, où des filles se trouvaient mêlées. Et le poète, en s'inclinant pour l'Élévation, se sent tout honteux de son ruban rouge.

Mais, puisqu'il est venu, il ira jusqu'au bout. On vient de donner l'absoute. Il prend la file, jette l'eau bénite, remonte dans son fiacre; et le cortège se met en route vers les faubourgs, sous la pluie fine et froide. Puis, au cimetière, c'est l'éternelle et lugubre comédie : les gens qui, tout le long du chemin, ont ri d'un scandale arrivé la veille, et qui se composent un visage digne ou chagrin en se rangeant autour de la fosse béante; l'orateur ridicule qui ment comme un dentiste, en parlant du mort, dans l'espoir de quelque réclame; et, dans un coin, témoignage de la belle existence du défunt, sa maîtresse, une catin hors d'âge, dont le deuil semble un déguisement et dont les larmes font couler le maquillage.

Il en a assez, l'homme nerveux. Il prévoit qu'à la sortie il faudra encore distribuer des poignées de main déshonorantes. Il s'esquive avant la fin, et se dérobant derrière un magnifique monument-annonce élevé à la mémoire d'un fameux marchand de nouveautés, il s'enfuit dans une allée déserte du cimetière.

Il ne pleut plus; mais ce ciel couleur de suie, ces feuilles mortes dans la boue, ces arbres noirs dégouttant sur les tombes, et ce vent malsain, ce vent d'épidémie, qui passe en gémissant, c'est sinistre!

Le rêveur solitaire éprouve tout à coup une inexprimable détresse. Il songe qu'il n'est plus jeune, qu'il se porte mal, que sa vie est contentieuse et précaire, et que ce n'est rien, mais rien, que sa réputation si enviée par ses « confrères », que sa gloire de papier. Il se dit que lorsqu'on le mettra en terre, bientôt, les choses se passeront comme pour cet homme taré : mêmes crosses de fusil sonnant sur les dalles de l'église, mêmes indifférents dans des fiacres causant de leurs petites affaires, même grotesque en cravate blanche, débitant des sottises avec une émotion de cabotin, tandis qu'un ami complaisant l'abrite sous un parapluie.

Et il est tellement saturé de tristesse et de dégoût qu'il voudrait être mort déjà, et que ce fût fini, fini tout à fait. Oh ! comme on doit bien se reposer ici !

Alors, dans le vent qui murmure et qui pleure en inclinant les ifs, il croit entendre — réponse à son affreux désir — les paroles qui lui rappellent les heures excellentes de sa vie, les paroles qu'il n'a entendu prononcer que par sa mère bien aimée et par sa maîtresse la mieux chérie :

« Maintenant, il s'agit de faire dodo ! »

Le Numéro du Régiment

Le Numéro du Régiment

Le vagabond est effrayant, et la campagne est magnifique.

C'est un de ces rôdeurs comme on en rencontre assez souvent au temps des moissons, et celui-ci a si mauvaise mine qu'on a dû le repousser de toutes les fermes où il est entré pour demander du travail. Le pied de frêne sur lequel il s'appuie a moins l'air d'un bâton de voyageur que d'une trique de meurtrier; et, sous le revers de sa veste de toile, encrassée de sueur et de poussière, il doit y avoir un ignoble numéro, imprimé à l'encre grasse, une matricule de bagne ou de prison.

Quel âge a-t-il ? Le malheur n'en a pas. Grand et sec, il marche avec la souplesse d'un jeune homme, et pourtant la rude moustache jaune qui traverse sa face boucanée grisonne déjà. En tout cas, il n'a pas honte de sa misère. Il a crânement campé en arrière son vieux feutre rongé par le soleil; dans son visage couleur de cuir ses durs yeux bleus étincellent d'audace; et il va pieds nus pour ménager sans doute la paire de gros souliers à clous bouclée sur son sac de soldat. Le pas ferme et la tête haute, ayant dans toute sa personne on ne sait quoi d'effronté et de militaire, l'homme suit un sentier très étroit entre deux grandes pièces de blé, et les hauts épis lui viennent presque jusqu'à l'épaule.

Il ne sait pas où ce chemin le conduit.

Autour de lui, la plaine s'étend à perte de vue, déserte, immobile dans la grosse chaleur de Juin.

A sa droite, des blés, des seigles, des avoines; à sa gauche, des avoines, des seigles, des blés. Là-bas, seulement, un long rideau de peupliers, vers lequel vole un corbeau; et plus loin, beaucoup plus loin, les collines boisées, d'un bleu tendre dans la brume grise de l'horizon.

L'homme suit le sentier monotone. Ici, la moisson foisonne de bleuets ; là, de coquelicots. Tout près de lui, un grillon crie plus fort que les autres, comme exaspéré. L'homme s'arrête ; le grillon se tait. Pas un nuage au ciel, où triomphe le soleil blanc de l'après-midi. Le vagabond essuie alors son front couvert de sueur avec sa manche, et, levant la tête d'un geste brusque, il jette un regard sombre au ciel pur.

La veille, dans le gros bourg rural où il est arrivé vers le soir, il s'est présenté à toutes les portes, le feutre à demi soulevé, et il a demandé d'une voix rauque et humble :

« Est-ce qu'il y a une journée à faire, ici ? »

Partout on lui a répondu, après un regard du haut en bas, dans lequel se voyait la méfiance du paysan ou l'effroi de la ménagère :

« Non... Nous n'avons besoin de personne. »

Il lui restait trois sous. Il a acheté un morceau de pain, et, tout en mangeant, il a continué son chemin, du côté du crépuscule.

Un ruisseau d'eau vive coulait au bord de la

route. Il s'est mis à plat ventre et il a bu à même.

Puis, quand la nuit fut venue, — une nuit de Juin, où palpitaient de larges étoiles, — il a sauté une haie, s'est installé dans un champ, avec son sac pour oreiller, et, comme il était harassé de fatigue, il a dormi jusqu'au lever du soleil.

Ce qui lui manquait le plus, depuis trois jours qu'il était si misérable, c'était son tabac.

Il s'éveilla dans l'herbe humide, le corps tout engourdi, se leva avec peine, frissonna sous ses haillons et murmura sourdement : « Nom de Dieu ! »

Puis il se remit en marche sur la grand'route, — l'ancien « pavé du Roi », — qui traversait une forêt.

La matinée était délicieuse. Une fraîcheur embaumée sortait des profondeurs vertes. Sur les bords de la route, l'herbe des vaines pâtures, tellement pénétrée de rosée qu'elle semblait pâle, était criblée de petites fleurs des bois, blanc de lait, rose gris, lilas clair, toutes si pures ! Là-haut, à la cime des grands arbres, le soleil levant lançait dans les feuilles ses premières fusées d'étincelles. A vingt pas, devant le voyageur, deux joyeux lapins, la queue en trompette, montrant leur blanc derrière, traversèrent la route en quelques bonds et disparurent dans le fourré. Les oiseaux chantaient éperdument.

Le vagabond, lui, songeait à son horrible passé.
Enfant de l'hospice, élevé chez une nourrice sèche, à la campagne, il ne se rappelait guère de sa première enfance que ses tremblements de terreur devant la vieille femme, la main toujours levée pour un soufflet. Pourtant, il avait grandi quand même, garçonnet robuste, en glanant, en ramassant du bois mort avec elle. Elle faisait peur à tout le monde, passait pour une jeteuse de sorts, croyait elle-même l'être un peu, avait d'étranges superstitions; et, quand elle trouvait dans son poulailler un œuf moins blanc que les autres, elle l'écrasait sous son sabot, persuadée qu'il contenait un serpent. Elle laissa l'enfant aller à l'école, où il apprit à lire, à écrire, à compter. Mais ses camarades, petits paysans aux joues rouges, pleins de soupe et de méchanceté, l'appelaient bâtard, fils de sorcière. Détesté d'eux, il les détesta, et ce furent cent batteries, où il était, heureusement pour lui, presque toujours le plus fort.

A quatorze ans, — sa vieille nourrice venait de mourir, — il n'aurait pas trouvé à s'employer dans le village, sans le voiturier qui venait d'entreprendre la correspondance du chemin de fer et qui avait besoin d'un galopin pour l'écurie. Il eut trois francs de gages par mois, la nourriture d'un chien, et coucha dans la paille. Haï des garçons de l'endroit, moqué des filles, passant pour idiot parce qu'il était farouche, et n'étant jamais allé à la ville, située à trois lieues de là, il était ainsi devenu un grand et vigoureux jeune homme, quand la conscription l'avait pris et envoyé au 75e de ligne.

Les premiers temps au régiment, dire que c'étaient là ses seuls bons souvenirs! Pour la première fois, ce paria, ce souffre-douleurs, avait connu le sentiment de l'égalité, de la justice. L'uniforme était trop épais en été, trop mince en hiver, mais tous les soldats le portaient; le « rata » de l'ordinaire soulevait le cœur bien souvent, mais les autres le mangeaient comme lui. A la chambrée, dans un lit tout près du sien, couchait un vicomte qui s'était engagé après quelques fredaines. On se tutoyait entre camarades. Ici — quelle surprise! — un homme valait un homme;

et, pour s'élever au-dessus du niveau, pour sortir du rang, une seule vertu suffisait : l'obéissance. Il la pratiqua, sans effort. Plus intelligent, moins illettré que la plupart des lourdauds à pantalon rouge, il avait gagné au bout de la première année de service ses galons de caporal; au bout de la deuxième, sa sardine de sergent. Maintenant, les tourlourous mettaient les premiers la main au képi, quand ils le rencontraient dans les rues de la garnison.

Un instant d'ivresse, de folie, avait suffi pour le perdre. Il commençait un nouveau congé; il venait d'être nommé sergent-major. Un jour qu'il avait dans sa poche l'argent de la compagnie, trois verres d'absinthe, bus coup sur coup, par bravade, et un caprice bestial pour une fille aux yeux méchants, avaient fait de lui un voleur, un criminel. A partir de là, tout dans sa vie redevenait horrible. Dans un éclair de pensée, il se revoyait, le dos voûté par la honte, devant les épaulettes et les croix d'honneur du conseil de guerre. Puis c'étaient les interminables années au bataillon d'Afrique, le travail au soleil ardent sur les routes, la fièvre du silo. Il était sorti de cette fournaise et de cette infamie brûlé de la soif éternelle de l'alcoolique et gangrené de vice jusqu'au cœur.

Aucune chance non plus; pas une bonne occasion. Son temps fait, il n'avait rencontré personne pour lui tendre la perche. Ouvrier par-ci, homme de peine par-là, il avait couru les chemins, vagabond poursuivi par son passé. Quand il souffrait trop de la faim, il commettait de petits vols, il « chapardait », comme en Algérie. La rude poigne de la justice lui était plus d'une fois retombée sur l'épaule. Où était-il donc, il y a deux ans? En prison. Et l'hiver dernier? En prison encore. Et depuis trois jours, dans ce pays inconnu où il errait, il n'avait pas trouvé une journée à faire, en pleine moisson. Et il avait dépensé son dernier sou, mangé sa dernière croûte. Que devenir? Que faire?

L'homme, en suivant toujours la grand'route, atteignit un carrefour. Une croix s'y dressait, — une croix de mission, — avec un Christ en bois grossièrement sculpté, dont les pluies avaient effacé la peinture.

Il haussa les épaules et prit à gauche.

Deux cents pas plus loin, il vit une belle et blanche maison de campagne, séparée de la route par une pelouse et un large saut-de-loup. Une jeune femme, en peignoir bleu, s'abritant d'une ombrelle, parut sur le perron et appela un petit garçon qui jouait dans l'herbe avec un gros terre-neuve :

« Bébé ! bébé ! »

L'enfant courut vers sa mère, et le chien, soudain furieux, vint en trois bonds jusqu'au saut-de-loup, et aboya longuement après le sinistre voyageur.

Il montra le poing à cette maison de riches, où les fleurs matinales semblaient exhaler du bonheur, et, pris d'un besoin farouche de solitude, il se jeta dans un sentier, à travers la campagne.

C'était ainsi qu'il se trouvait dans cette grande plaine, au milieu des hauts épis, les jambes cassées de fatigue, le grondement de la faim dans les entrailles, seul, perdu, désespéré.

Tout à coup, un coq lança sa claire fanfare. Une maison était proche. L'homme avait trop faim. Tant pis ! Il irait là pour mendier, pour voler, pour tuer, s'il le fallait. Il fit tournoyer son gourdin, hâta le pas, et, au bout du sentier, qui tournait brusquement, se trouva devant une petite métairie. Hardiment, il traversa la cour en effarant la volaille, se dirigea vers la maison, très basse et couverte en chaume, et mit la main au bouton de la porte vitrée, qui résista.

— « Holà ! » cria-t-il de toute sa force ; — et, à quelques secondes d'intervalle, il répéta par trois fois : « Holà ! »

Pas de réponse. Les gens du logis étaient allés, sans doute, travailler aux champs.

Le vagabond enveloppa sa main droite dans son vieux chapeau de feutre pourri, enfonça un carreau d'un coup de poing, tâta la serrure, qui s'ouvrait en dedans et n'était point fermée à clef, poussa la porte et entra dans la maison.

Il se trouvait dans une salle basse, évidemment la seule habitée du logis. Il y avait là le lit, la cheminée, la huche, le dressoir, la table, où traînaient une miche de pain, un couteau de cuisine et un paquet de tabac éventré ; enfin, la lourde armoire de chêne, celle où le paysan cache son magot, sa poignée de louis ou d'écus, dans un sac ou dans un vieux bas.

Pour la première fois de sa vie, l'homme venait de commettre une effraction, de risquer le bagne. Eh bien ! il fallait aller jusqu'au bout.

Il prit vivement le couteau sur la table et s'approcha de l'armoire, pour la forcer. Mais tout près du meuble, sur la muraille, un papier, dans un cadre de bois noir, attira son attention. Machinalement, il y jeta les yeux et lut d'abord ces mots imprimés : « 75ᵉ régiment d'infanterie ».

Il s'arrêta net.

C'était un certificat de libération délivré au nommé Dubois (Jules-Mathieu), caporal clairon à la 2ᵉ compagnie du 3ᵉ bataillon.

Ainsi, il allait voler un homme de son ancien régiment. Pas de son temps, non! La date du papier était récente. Mais n'importe!

Et voilà que, le cœur remué, il hésite maintenant à faire le coup.

— « Comme on est bête! » dit-il à demi-voix.

Soudain, son regard se reporte vers la table, où sont la miche et le tabac, et son parti est bien vite pris, au pauvre diable. Il coupe la miche par moitié, tire sa pipe de sa poche et la bourre, — on peut emprunter cela à un camarade, pas vrai ? — puis, s'élançant hors de la maison, il reprend, en mangeant son pain, le sentier à travers les blés, le chemin de traverse, la grand'route; et quand il passe de nouveau, sa pipe allumée, devant le

Christ du carrefour, il lui dit, sans le saluer, avec une grimace gaie au coin de la lèvre, où rit un reste de la blague du soldat d'Afrique :

« Toi, mon vieux, c'est dommage que tu n'aies pas servi au 75ᵉ !... Sans cela, tu me ferais trouver du travail, ce soir, à l'étape. »

L'Orgue de Barbarie

L'Orgue de Barbarie

I

QUE la musique est nostalgique! Comme elle évoque douloureusement les vieux souvenirs! Et combien lamentable, au fond du crépuscule de Novembre, le son pleurard de l'orgue de Barbarie qui joue une ancienne polka!

Un ancien air de polka qui faisait sauter tout Paris il y a quinze ans, quand vous en aviez dix-huit à peine, madame! Oui! vous, la pauvre blonde flétrie, qui portez un chapeau de velours bleu bien fané pour ses brides neuves, et qui poussez la petite voiture où dort votre troisième bébé, sous les platanes sans feuilles du triste boulevard de banlieue.

Comme vous étiez jolie, du temps où l'on tapotait cette polka dans les sauteries bourgeoises à verres de sirop et à gâteaux secs! Quelle matinée de printemps vous faisiez alors avec votre frais visage d'un ovale corrégien et ces admirables cheveux ondés, couleur de blé mûr, dont vous avez perdu la moitié, hélas! à votre deuxième couche!

Sans dot!... Oui! vous n'aviez pas de dot. Pouvait-il en être autrement pour la fille d'un honnête sous-chef, n'obtenant régulièrement de ses supérieurs que cette note désespérante: « Bon et modeste serviteur, très utile dans son emploi », de ce pauvre bonhomme qui, dans les bals où il vous accompagnait, n'osait pas s'asseoir à la table de whist à dix sous la fiche, et tâtait constamment la poche de son gilet, pour s'assurer qu'il n'avait pas perdu les trois francs du fiacre de nuit?

Sans dot!... Toutes les glaces du salon vous disaient que vous n'en aviez pas besoin, quand vous entriez au bras de votre père, radieuse dans un brouillard rose. Qui pouvait se douter que la maman, restée au logis pour cause de toilette, avait repassé votre jupon sur la table de la salle à manger et que vous-même aviez coupé et cousu votre robe? N'étiez-vous pas gantée jusqu'au coude? Comment aurait-on su que vous aviez des piqûres d'aiguille au bout des doigts?

... Écoutez la vieille polka que joue l'orgue de Barbarie haletant, au fond du crépuscule de Novembre. Ne dirait-on pas le chant d'une folle, entrecoupé de sanglots?

Il vous invitait souvent à la danser avec lui, cette polka, le beau jeune homme brun, à la moustache militaire, si élégant dans son frac bien coupé, que, dans vos pensées, vous appeliez par son petit nom, Frédéric. Il vous invitait à la danser avec lui, cette polka, et la mazourke aussi, et la valse. Votre voix tremblait un peu, quand vous répondiez: « Oui, monsieur; » et votre main aussi tremblait, quand vous la mettiez dans la sienne. Car c'était un fils de famille, un assez mauvais sujet, disait-on, qui avait eu un duel, — quel prestige! — et dont le père avait deux fois payé les dettes.

Comme il vous entraînait par la taille, d'une main ferme, et, dans les minutes de repos où vous vous appuyiez sur son bras, toute souriante et respirant vite, comme il vous troublait en vous regardant tout à coup dans les yeux et en vous adressant, d'une voix basse et chaude, — sur un rien, sur un détail de votre toilette, sur la fleur de vos cheveux, — un compliment très respectueux dans les termes, mais où vous deviniez on ne sait quel sous-entendu, qui vous faisait à la fois peur et plaisir !

Hélas! un jeune gaillard comme M. Frédéric n'était pas fait pour s'attarder dans les bals à verres d'orgeat. Il s'en alla vers d'autres fêtes; et, sans vous l'avouer à vous-même, vous en fûtes triste, n'est-ce pas ? Puis deux, trois, quatre, cinq années s'écoulèrent. Vous ne mettiez plus de robe rose, étant devenue un peu pâle, et, dans les sauteries bourgeoises où le répertoire musical ne change guère, on jouait toujours la vieille polka qui vous rappelait M. Frédéric.

A la fin, il a fallu voir les choses comme elles étaient, prendre un parti, et vous avez épousé le timide garçon qui faisait danser les demoiselles osseuses et frisant la trentaine. Jadis, vous aviez plus d'une fois oublié son tour de quadrille, bien qu'il fût inscrit sur votre petit carnet d'ivoire. Alors il vous faisait un peu pitié, convenez-en, ce bon M. Jules, avec ses cravates blanches trop empesées et ses gants nettoyés à la gomme élastique. Vous l'avez épousé, pourtant, et c'est, après tout, un travailleur, un brave père de famille. Il est maintenant sous-chef, comme feu monsieur votre père, et il obtient la même note décourageante : « Modeste et utile serviteur; à maintenir dans son service. » Quand vous lui avez donné son deuxième garçon, il est venu un peu d'ambition au pauvre homme, et, pour avoir de l'avancement, il a publié deux petites brochures spéciales; mais on s'est acquitté envers lui en le décorant des palmes académiques.

Trois enfants, — deux fils d'abord, et une gamine, venue bien plus tard, — c'est lourd! Heureusement que l'aîné est au collège, pourvu d'une demi-bourse. Avec beaucoup d'économie, on joint les deux bouts. Mais quelle vie médiocre et triviale! Le père, lui, part dès le matin, en emportant son déjeuner — un pain fourré et une fiole d'eau rougie — dans les poches de son pardessus; car, avant de s'installer sur son rond de cuir ministériel, il va faire un cours de géographie dans les pensionnats de jeunes filles. Vous, madame, vous n'avez pas le temps de vous ennuyer, et la journée est courte pour qui a tant à faire. Cependant, jamais un plaisir! Depuis un an, vous n'êtes allée qu'une fois au spectacle, en Septembre dernier, voir le *Domino noir*, avec des billets de faveur.

Vous êtes résignée, vaincue, sans doute. Mais ce vieil air de polka que joue toujours l'orgue obstiné vous fait souvenir que, l'autre soir, poussant comme aujourd'hui devant vous la petite voiture où dort votre enfant, et traversant ce même boulevard, vous avez failli être écrasée par une fringante victoria, et que vous avez reconnu, bien installé sous les couvertures, le beau M. Frédéric en personne, resté le même, ayant l'air toujours jeune des gens heureux, qui vous a jeté un regard dur en criant: « Maladroit! » à son cocher.

N'est-ce pas, que cet orgue est insupportable?... Il se tait, heureusement. Et voici que la nuit monte. Là-bas, au bout du triste boulevard de banlieue, sur la fumée rouge qui succède au coucher du soleil, le gaz qu'on allume fait éclore ses étoiles blêmes. Rentrez à la maison, madame

Jules. Votre second fils doit être déjà revenu de l'école, et, quand vous n'êtes pas là, il n'apprend jamais sa leçon du lendemain avant le dîner. Rentrez à la maison, madame Jules. Votre mari va bientôt revenir de son bureau, plein de fatigue et de faim, et vous savez bien que, sans vous, la petite bonne à vingt-cinq francs par mois serait incapable de « raccommoder » avec des pommes de terre et des oignons le reste du bœuf d'hier soir.

II

Que la musique est nostalgique! Comme elle évoque douloureusement les vieux souvenirs! Et combien lamentable, au fond du crépuscule de Novembre, le son pleurard de l'orgue de Barbarie qui joue un vieil air de galop!

A quoi songez-vous en l'écoutant, madame la comtesse, et pourquoi restez-vous debout et comme pétrifiée par la rêverie, près de la haute fenêtre de votre boudoir ? Que peut vous rappeler, à vous, femme heureuse et dans la pleine beauté de vos trente ans, l'ancien air de galop joué là-bas, sur le triste boulevard, au delà des tilleuls dépouillés de votre jardin, par l'orgue de Barbarie gémissant et évocateur ?

Il vous rappelle le vaste amphithéâtre du « Johnson's american Circus », bondé de visages attentifs, tel qu'il était à l'époque de vos succès équestres. Les deux virtuoses nègres ont terminé leur concert comique en se cassant leurs violons sur la tête, et le palefrenier vient d'amener sur la piste votre cheval de voltige, — vous savez bien, l'énorme et paisible cheval blanc, tacheté de noir, qui faisait songer à une dinde crue, gonflée de truffes ? Vous faites votre entrée alors, donnant la main au superbe maître de manège en habit écarlate et coiffé à la Capoul, dont vous avez été un peu amoureuse, avouez-le, comme toutes les écuyères de la troupe. Vous saluez le public d'un entrechat, et, tout de suite, d'un seul bond, hop ! vous voilà debout sur la selle en plate-forme. Un fouet claque, l'orchestre lâche ses cuivres furieux, le cheval truffé prend son petit galop mécanique, et, hop ! hop ! vous voilà partie !

Quelle olympienne créature vous étiez alors, comtesse ! Dix-sept ans, et les jambes de la Vénus du Capitole. La force et la grâce ! Une de ces beautés parfaites, comme il ne s'en obtient plus guère qu'avec les croisements de sang et les amalgames de races du Nouveau-Monde. Un murmure circulait : « C'est la belle Adah ! l'Américaine ! » Et, grisée par ce vent du triomphe, vous redoubliez vos audacieuses pirouettes.

La première partie de « l'exercice » finissait toujours dans un long crépitement de bravos. Tandis que les écuyers montaient sur des tabourets avec les banderoles et les cerceaux, et que le clown, pour amuser la galerie, jetait d'un soufflet son camarade à plat ventre et le relevait délicatement par le fond de la culotte, vous faisiez un tour de piste au pas, posée sur le bord de la selle avec une légèreté de papillon. C'était la meilleure minute pour vos admirateurs. Vous teniez votre tête de déesse droite sous son casque de cheveux noirs enguirlandés de fleurs, et, de la jupe de gaze bouffant autour de vous, vos sublimes jambes en maillot rose émergeaient comme d'un nuage.

Ce fut dans un de ces moments de repos que

vous remarquâtes pour la première fois le comte, aujourd'hui votre époux, alors un des plus violents viveurs de Paris. Il se tenait debout dans le couloir des écuries, grand, mince et correct dans sa redingote boutonnée, un brin de lilas à la boutonnière, en chapeau gris, et tapotant ses lèvres avec la pomme d'or de sa badine. Il revint le lendemain, le surlendemain, tous les jours; et vous baissiez les paupières, confuse, quand votre regard rencontrait ses yeux éperdus, ses yeux pâles d'homme qui a perdu la tête.

Il l'avait perdue, en effet; mais vous étiez une honnête fille, tout simplement. A cinq ans, vous deveniez orpheline, votre père, l'Homme à la Perche, s'étant tué net en tombant sur la nuque. Les gens du cirque avaient adopté l'enfant de la balle. Le vieux clown parisien Mistigris vous avait appris le français, puis un peu à lire et à écrire. Après avoir été l'enfant gâtée, — et respectée, malgré tout, — de ces braves saltimbanques, vous étiez devenue une des gloires de leur entreprise. Vous gagniez votre vie, honnêtement, à montrer vos jambes, mais vous étiez sage pour de bon; et, — rappelez-vous, — le soir où le comte vous offrit cette parure de turquoises, assez brutalement, il faut bien le dire, vous faillîtes le cravacher en pleine écurie, devant le box de l'éléphant.

C'était fait pour déchaîner un homme à passions. Le « Johnson's american Circus » faisait son tour de France. Le comte vous suivit à Orléans, à Tours, à Saumur, à Angers; — et enfin, à Nantes, il fit la folie complète, comme un Russe, et, n'ayant plus ni père ni mère, il vous enleva pour vous épouser.

... Oh! comme l'orgue de Barbarie pleure lamentablement le vieil air de galop dans le crépuscule!

Que faire, après les premières semaines de la brûlante lune de miel, passées dans un village perdu au bord de la mer? On pouffait de rire, là-bas, au Jockey; et les femmes du monde suffoquaient d'indignation derrière les éventails. Le comte prit le bon parti; il s'expatria pendant plusieurs années. Ah! pauvre comtesse, que vous vous êtes ennuyée à Florence, dans ce noir palais où votre mari vous a fait élever et instruire comme une petite fille, et où vous avez subi tant de leçons et de professeurs. En femme reconnaissante, — plutôt qu'amoureuse, hélas! — vous

vouliez plaire au comte, devenir digne de lui.
Mais, naturellement, il fallut du temps; et, tout
patient qu'il était, comme votre mari vous a fait
souffrir avec ses continuels : « Cela ne se dit pas...
Cela ne se fait pas... » toujours suivis d'un « ma
chère » très sec, qui vous suppliciait!

Toutes les femmes sont éducables. « Parvenu »
est un mot qui ne se dit pas au féminin. Au bout
de trois ans, vous étiez une vraie comtesse. Le
comte, qui bâillait dans les musées et n'avait
jamais pu mordre aux Primitifs, n'y tint plus et
vous ramena à Paris. Les volets du vieil hôtel,
fermés depuis si longtemps, claquèrent contre la
muraille, et vous fîtes votre premier dîner de
retour dans la vaste salle à manger, devant le
grand portrait du haut duquel le bisaïeul du
comte, lieutenant-général des armées du Roi,
poudré, avec le cordon bleu sur son habit rouge,
et remarquable surtout par l'immense nez de la
famille, semblait vous jeter un regard sévère.

Ici encore, c'est pour vous, comtesse, la solitude et la mélancolie. Votre mari est arrivé seulement — après combien d'efforts et à force de
jeter de l'argent dans les œuvres charitables! —
à vous constituer une petite société de prêtres et

de dévotes. Que c'est lugubre, ces robes noires des deux sexes! Depuis six ans, vous visitez, tous les matins, des crèches et des écoles, et vous vous morfondez, le soir, dans votre loge solitaire, aux Français ou à l'Opéra. Pas d'enfant, et pas d'espoir d'en avoir jamais. Les années passent! Et le pis, c'est que vous n'éprouvez pour le comte qu'une gratitude profonde, qu'une sincère amitié, et que vous le jugez. Oh! un parfait galant homme, assurément, mais plein de niaiseries aristocratiques, et ennuyeux comme un concert. Il a quarante-huit ans, à cette heure, et c'est bien le vieux beau devenu sage, n'est-il pas vrai? un assez fade mélange de grand air, de favoris teints, de préjugés, de chapeaux gris et de mauvais estomac.

.. Pourquoi cet orgue cruel joue-t-il toujours le vieil air de galop qui rythmait jadis vos entrechats sur le dos du cheval truffé? Voilà que vous vous revoyez au milieu de l'arène, à la fin de votre « exercice », envoyant au public le baiser d'adieu et écoutant avec ivresse le bruit de grêle des applaudissements. Êtes-vous folle, comtesse? Voilà maintenant que votre cœur palpite et que vous retrouvez votre première et délicieuse émotion de jeune fille, quand il vous semblait que le beau maître de manège en habit écarlate vous avait tendrement serré le bout des doigts en vous reconduisant!

Enfin le son de l'orgue s'est éteint; sur le ciel, de plus en plus sombre, on distingue à peine les grands squelettes des arbres dépouillés. Le valet de chambre entre discrètement, apportant une lampe. Il la pose sur un guéridon, et dit de sa voix de cérémonie :

« Monsieur le curé de Saint-Thomas-d'Aquin attend Madame la comtesse au salon. »

Le Convalescent

Le Convalescent

L A première fois que le jeune compositeur Félix Travel, avec la permission de son médecin, le docteur Damain, se regarda dans la glace, il poussa un cri de surprise épouvantée.

Comme il était changé, grand Dieu! Quelle maigreur! La peau collée aux pommettes! Et ce teint jaune, et ces yeux meurtris! Sans doute, il savait bien qu'il avait été très malade. Il avait eu la fièvre, le délire, tout le tremblement. On lui avait brûlé le dos et la poitrine avec des vésicatoires. Une pleurésie, c'est toujours grave. Mais il n'aurait jamais cru que quinze jours de souffrances l'eussent à ce point ravagé. Et puis, comme il se sentait faible! C'était inquiétant aussi, ce point douloureux qui le brûlait, là, au-dessous de l'omoplate, du côté droit. Oh! non, il n'était pas guéri. Qui sait? Devait-il jamais guérir? Le docteur ne cherchait-il pas à le tromper, quand il lui avait dit, le matin même, d'un air joyeux, trop joyeux: « Allons! essayez de vous lever un peu aujourd'hui. Vous voilà tiré d'affaire. » Tiré d'affaire? Avec cette mine de déterré? Ah! il en était loin. Comme c'était pénible, cette sensation de vide et d'épuisement dans son cerveau, dans toute sa personne! Et cet hiver qui n'en finissait plus! Cette neige fondue qu'il voyait, derrière les vitres de sa fenêtre, tomber avec lenteur! Bon! une quinte, à présent! Et encore une petite tache de rouille sur son mouchoir. Tousse! tousse! Est-ce qu'il allait devenir phtisique? Quelle anxiété!

Et le pauvre malade, seul au coin du feu, ses pâles et maigres mains crispées aux bras de son fauteuil, s'enfonçait, s'abîmait dans sa noire mélancolie.

Mourir! A vingt-six ans! Au lendemain de son

premier triomphe d'artiste, quand un sourire de
la gloire le payait enfin de tant de travail et de
privations ! Ah ! ce serait affreux !

Et, dans un coup de mémoire, rapide comme
un éclair, il revoyait tout son passé de misère.
C'était d'abord sa mère qu'il évoquait, sa mère
veuve, maîtresse de solfège et de piano dans les
pensionnats de troisième ordre, courant le cachet
à travers Paris, son rouleau de toile cirée sous le
bras, dans son deuil éternel de pauvresse. Avait-
elle assez trimé, la vaillante et courageuse femme,
pour élever son fils unique, lui permettre de suivre
les cours du Conservatoire, faire de lui un bon
musicien ! Avait-elle assez roulé par tous les
temps, marchant sous la pluie avec des bottines
qui prenaient l'eau, ou cahotée dans les puants
omnibus ! Que de peine et que de bravoure ! Il se
rappelait l'affreux petit logement, au fond des
Batignolles, où il la rejoignait tous les soirs, et où
il la trouvait, rentrée à peine et déjà cuisinant le
dîner à la hâte, sans avoir même pris le temps
d'ôter son vieux chapeau de tulle noir, tout roussi
par le soleil et les averses. Comme c'était triste et
laid, ce mobilier en ruine, éreinté par les change-
ments de garnison du père, un officier sans for-

tune, épousé jadis par amour, et mort, jeune encore, d'un accident de cheval, sans que sa veuve pût obtenir l'aumône d'un bureau de tabac.

Enfin la pauvre femme succombait à la besogne, comme une haridelle de fiacre qui tombe dans les brancards, et le laissait orphelin à seize ans, sans un parent, sans un protecteur, trop heureux d'avoir, pour ne pas mourir de faim, un pupitre de contre-basse à l'orchestre de la Gaîté. Oh! sa vie pendant dix ans, depuis lors! Quel navrant abandon! quelle misère triviale! quelle chasse ignoble à la leçon bon marché, à la pièce de quarante sous mise dans la main! Brrr! il valait mieux ne plus y songer, arriver tout de suite à l'heure radieuse de sa vie. Une mélodie de lui tombait par hasard sous les yeux de la Kauffman, la grande cantatrice. Elle s'en éprenait, la chantait partout, et, en un hiver, Félix Travel devenait presque célèbre. Le directeur de l'Opéra-Comique, rencontré dans un concert, lui demandait quelque chose. Le jeune homme avait justement un acte fini, tout prêt, tout orchestré, sa *Nuit d'Étoiles,* un délicieux poème, où le pauvre garçon avait répandu tout ce qu'il avait dû refouler jusque-là dans son cœur de jeunesse et d'amour.

Quel succès! Il croit entendre les énormes soupirs de la foule charmée, les salves de bravos furieux, son nom acclamé. C'est fini, la pauvreté, c'est fini, la solitude! Le voilà fameux! Dès le lendemain de la première représentation, il change, chez une bouquetière, le billet de mille francs qu'un éditeur lui a donné la veille, comme acompte sur le prix de sa partition, et il porte pour dix louis de fleurs au cimetière Montmartre, sur la tombe de la maman. Les journaux saluent son œuvre comme l'aurore d'un talent rare. Sur la première page de *L'Illustration,* son portrait est gravé, et tout Paris est amoureux déjà de sa fine et charmante tête de page florentin. Enfin! il va donc jouir un peu de la vie, savoir ce que signifie le mot bonheur...

Eh bien, non! La maladie est là qui le guette et qui empêchera tout. Depuis quelque temps, il est enroué, il tousse. Un soir, il se couche, tout mal à l'aise, avec un grand frisson. C'est la fièvre, c'est la pleurésie. Ah! il les connaît, les journées si longues et si mornes passées, la nuque sur l'oreiller, à regarder une mouche marchant au plafond ou à compter les petits bouquets de fleurs du papier de tenture; il les connaît, les nuits d'insomnie, où le délire fait passer tant de fantômes dans le halo de la veilleuse. Et maintenant que le voilà debout, — convalescent, dit le médecin, allons donc ! — son visage reflété dans la glace lui fait peur; il sent qu'il est plus malade que jamais, qu'il devient poitrinaire, qu'il va mourir... Sous ses fenêtres, dans la rue, où la neige fait le désert et le silence, un orgue de Barbarie joue l'air de sa *Sérénade,* que la Kauffman a mise en vogue, l'an dernier. C'est la réputation populaire, c'est la gloire des rues qui commence pour lui. Et il va mourir, tout jeune, à la veille de tant de joies, comme un naufragé qui a longtemps et désespérément nagé vers la côte et qu'une dernière lame écrase bêtement contre un rocher. Non, Dieu est injuste!

Le lendemain matin, le médecin revient voir son malade, et, après qu'il l'a bien examiné, ausculté, tâté :

« Eh bien? » — lui dit brusquement le jeune homme, assis sur son lit, les bras croisés. Et dans son regard direct, froid, presque dur, le docteur Damain, vieil homme de pratique et d'expérience, discerne la profonde inquiétude, l'angoisse, la peur de la mort.

— « Eh bien, — répond-il avec rondeur, tout en remettant ses gants, — eh bien, mon mignon, il vous faut tout simplement deux ou trois mois de convalescence, à ne rien faire, dans le Midi. Et puisque vous avez quelque argent, vous allez partir le plus tôt possible. Pas pour Nice ni tout ce côté-là. Vous y retrouveriez les Parisiens, un tas de plaisirs et d'occasions de fatigue. Non. Ce qu'il vous faut, c'est un coin bien retiré avec du soleil, quelque chose comme la Petite-Provence des Tuileries, vous savez, où il n'y a que des nourrices et des vieux rentiers à tabatières. Ce n'est pas gai, je sais bien, pour un jeune cadet qui sort des pages et qui doit avoir envie de montrer son épaulette; mais c'est nécessaire. Tenez! si vous étiez tout à fait raisonnable, vous iriez à Amélie-les-Bains, dans les Pyrénées-Orientales. Un trou de montagne, presque africain, bien abrité du vent du nord; et l'aloès pousse tout le long de la route de Perpignan. Le pays est superbe, et, sans les pantalons rouges qui sèchent aux fenêtres de l'hôpital militaire, ce serait déjà plein d'Anglais. Je suis allé par là autrefois, et j'y ai pris mon café dehors, un premier Janvier. On y vit à bon compte, ce qui est à considérer. Allez voir un peu le pic du Canigou, les gaves, les vieux ponts romains et les olivettes. Voici tout à l'heure le mois de Mars; vous resterez là-bas jusqu'à la fin d'avril, et vous nous reviendrez tout à fait grand garçon, avec quelques refrains de contrebandiers, quelques jolies chansons catalanes... Est-ce convenu ? »

En écoutant le docteur, Félix Travel renaît à l'espoir.

Oui, le Midi, le repos dans un doux climat où l'on respire la vie et la santé, les lentes promenades avec la caresse du soleil sur les épaules. Oui, c'est cela, c'est bien cela qu'il lui faut.

— « Et quand pourrai-je me mettre en route ? — demande-t-il vivement.

— Mais tout de suite, dans trois ou quatre jours. J'irai vous installer moi-même en wagon... Et, puisque vous vous arrêterez un peu à Perpignan, pour vous reposer du voyage, qui est long, je vous donnerai un mot d'introduction pour une brave dame que j'ai soignée, il y a quelques années, et tirée, ma foi, d'un assez mauvais pas. Oh! ce ne sera pas très amusant pour vous. La comtesse de Pujade est une grande dévote, je vous en préviens, et sa fillette, qui doit porter aujourd'hui dès jupes longues, va certainement plus souvent à la messe qu'au bal. N'importe! je vous adresse à de bonnes femmes, qui pourront vous être utiles à l'occasion. »

Vite, une malle, des couvertures! Cette perspective d'un prochain voyage a tout à fait remonté le moral du convalescent. Il lui semble qu'il n'a plus qu'à partir pour être guéri. Ne va-t-il pas mieux déjà? Aujourd'hui il est resté levé assez longtemps, il a rouvert son piano, causé presque gaîment avec des amis qui le visitaient. Les forces lui reviennent, positivement. Il est en état de supporter les vingt heures d'express. Enfin! le voilà bien commodément installé dans un compartiment de première classe, la bouillotte sous ses pieds, un plaid sur ses genoux, avec tout ce qu'il lui faut dans son sac de cuir, un roman anglais, du vin de Bordeaux, des sandwiches.

— « En voiture! en voiture! » crient les hommes d'équipe, sur le quai de la gare d'Orléans.

Et le docteur Damain, le vieil ami de Félix, l'embrasse, lui serre la main une dernière fois.

— « Prenez bien garde aux courants d'air... Bon voyage! »

Le train s'ébranle, très doucement d'abord, fait

résonner les plaques tournantes, puis, tout de suite, accélère sa marche, prend son furieux galop ferré. Déjà il a jeté ses gros flocons de fumée aux fenêtres des faubourgs, où sèchent des linges, il a franchi le rempart à l'herbe pelée, laissé derrière lui les jardins maraîchers de la banlieue; et Félix Travel, essuyant de temps en temps la buée de la vitre avec son gant, éprouve une joie enfantine à voir de la vraie campagne, les champs d'un vert sombre où fondent les dernières neiges et d'où s'envolent des bandes de corbeaux, les collines lointaines dans la brume, les vastes espaces du ciel gris de Février. Il ne tousse pas, il ne souffre plus. Dans l'après-midi, après qu'on a passé la Loire et ses bancs de sable, tandis qu'on court à travers les grands châtaigniers sans feuilles et les robustes paysages du Poitou, voici que, dans les nuages, apparaissent les cotillons bleus, et que toute la nature se met à sourire. A Bordeaux, c'est le beau temps tout à fait; et dans la rade, un instant aperçue, le soleil, qui se couche dans un ciel pur, dore les vergues des navires. Distrait et excité par le voyage, Félix a oublié ses angoisses de malade; il se sent léger, comme poussé par le vent de l'espérance.

Après avoir dîné à la gare Saint-Jean, il s'endort d'un profond sommeil dans une voiture de la ligne du Midi. A peine est-il troublé deux ou trois fois pendant la nuit par des voix de cuivre, des creux du midi, qui crient : « Toulouge » ou « Montoban. » C'est seulement le lever du soleil qui le réveille, une aurore splendide, une gerbe de diamants qui éclate et jaillit dans l'azur. Cette fois, il y est, dans le Midi, et pour de bon ; il peut baisser la glace, aspirer l'air chaud, regarder, avec l'étonnement de l'homme du Nord, le feuillage en demi-deuil des oliviers et les routes sèches où courent des trombes de poussière blonde. Enfin le conducteur du train annonce, en ouvrant les portières : « Perpignein !... Perpignein. » On est arrivé.

Le voyageur jette un regard aux créneaux roussis du Castillet, qui datent de Charles-Quint, et aux platanes géants de la promenade, penchés pour toujours, avec une inclinaison de cinquante degrés, par l'effort prolongé du mistral. Puis l'omnibus du chemin de fer, dont les chevaux font sonner sous leurs sabots le vieux pont-levis de Vauban, conduit rapidement Félix Travel à travers quelques rues tortueuses et le dépose à l'hôtel. Dans son impatiente curiosité de voyageur novice, le jeune homme déjeune en hâte, assis tout seul au bout de la table d'hôte, dont la malpropreté et la détestable cuisine à la graisse sont déjà bien espagnoles ; puis, après avoir vainement essayé d'amollir dans son dernier verre de vin un biscuit, qui doit dater de Charles-Quint, lui aussi, comme le Castillet, il sort pour voir la ville et faire sa visite à cette comtesse de Pujade pour qui le docteur Damain lui a donné une lettre d'introduction.

Cette dame habite précisément à quelques pas de l'hôtel, dans une ruelle pareille à un torrent desséché, une maison étroite et farouche ayant à peu près l'air d'une prison, avec des « miradores » grillés comme à Séville ou à Tolède. Félix tire la chaîne de fer toute rouillée qui pend auprès de la porte, — une porte basse et ronde, percée d'un judas, garnie de ferrures et de gros clous rébarbatifs, une de ces portes qui ne semblent pas faites pour s'ouvrir, — et la voit s'entre-bâiller, après une assez longue attente, pour lui montrer la face ridée et le bonnet monastique d'une vieille servante aux yeux de morte.

— « Madame la comtesse de Pujade ? — demande le voyageur.

— Madame la comtesse et sa fille sont à la messe.

— Je ne reste qu'un jour ici... Aurai-je chance de rencontrer ces dames, un peu plus tard?

— Je ne saurais vous dire. »

L'accueil n'est pas engageant. Félix ne peut donc que laisser à la servante sa carte et la lettre du docteur.

— « Ma foi, — pense-t-il en s'éloignant, — si j'en juge par la lugubre apparence de ce logis et par la tête de la domestique, qui ressemble à une vieille machine à prières pour veiller les morts, j'aime autant avoir trouvé visage de bois... A quoi pensait le brave docteur en m'adressant à ces béguines? »

D'ailleurs, vingt pas plus loin, son impression fâcheuse est dissipée; car, au bout de la rue, brusquement, il débouche sur une petite place pleine de bruit et de soleil. Là, devant le portail d'une église, sculpté et vermiculé du haut en bas comme une écorce de melon, se tient un joli marché, qui embaume le citron et la rose. Un coin d'Espagne, en vérité, où vibre le sonore patois catalan. L'artiste parisien, qui voyage pour la première fois de sa vie, reste ébloui devant ce spectacle pittoresque et nouveau. Ah! les beaux écroulements d'oranges, de tomates et de poivrons! La jeune marchande à qui il achète une botte d'œillets a les yeux noirs de la marquise d'Amaëgui, et ce montagnard à ceinture rouge, qui fume sa cigarette, accoudé sur sa mule au ventre rasé et toute harnachée de pompons et de sonnailles, est beau comme un contrebandier des temps romantiques. A la bonne heure! En voilà de la lumière, de la couleur et de la joie! Grisé, enchanté, Félix Travel s'attarde à flâner parmi cette foule bruyante; il se promène là pendant plus d'une heure, lentement, délicieusement, dans la bonne chaleur du soleil qui lui pique le dos et les reins. Il se sent toujours un peu faible, c'est vrai, mais jamais il n'a eu plus goût à la vie. Ce Midi, tout de même! Mais c'est un miracle, une résurrection! Mais il est en pleine convalescence! Quel bonheur!

Pourtant, il a passé la nuit en wagon, il a sommeil, et lorsqu'il rentre à l'hôtel pour se jeter une heure ou deux sur son lit, le garçon lui présente une lettre que vient d'envoyer Mme de Pujade. Elle prie M. Félix Travel de venir dîner chez elle, le soir même, sans cérémonie; elle sera flattée, dit-elle, de connaître l'auteur de la *Sérénade* et de la *Nuit d'Étoiles*, et heureuse de parler avec lui du docteur Damain, à qui elle doit la vie, etc., etc. Tout cela, dit en quelques lignes courtoises, un peu sèches, sur un papier à lettre orné d'une couronne comtale.

Félix se rappelle alors la maison à physionomie inhospitalière, et ce que le docteur Damain lui a dit sur l'extrême dévotion de Mme de Pujade; et il est pris d'une singulière timidité. Saura-t-il se conduire correctement dans un milieu aussi aristocratique? Célèbre d'hier, il n'est pas encore allé dans le monde. Jusqu'ici il a vécu comme un pauvre qu'il était, tout près du peuple, il n'a jamais de sa vie vu de près une dame noble, une dévote. Et cependant, impossible de refuser sans impolitesse. Ah! il se serait bien passé de la recommandation du docteur. Dans quel guêpier son vieil ami l'a-t-il fourré?

Aussi est-ce avec une secrète émotion qu'un instant avant l'heure convenue, le musicien, ayant fait toilette, se présente de nouveau devant la maison lugubre. Mais, cette fois, la vieille servante à mine de sœur tourière ouvre la porte sans difficulté, et après avoir introduit le jeune homme dans le « salon de compagnie », comme on dit à

Perpignan, se retire en annonçant qu'elle va prévenir Madame la comtesse.

Malgré les lumières et le feu, il y fait froid, dans ce salon, le froid spécial aux pièces ordinairement inhabitées. Les lourds meubles de tapisserie, droits et raides comme des meubles d'églises, sont rangés avec une désolante symétrie, et la nudité des boiseries claires s'orne d'une unique gravure, magnifiquement encadrée, le portrait du pape Pie IX, sanctifié de sa signature autographe. Pas un objet d'intimité ou de souvenir; rien de féminin. Félix songe que si l'extérieur du logis lui a semblé morose, l'intérieur est franchement hostile. Les deux grosses lampes sur la cheminée, les bougies du lustre à pendeloques de verre, les bûches enflammées dans le foyer, semblent se dire : « Quel est cet intrus, pour qui on nous a allumées ? » Et voilà que le pauvre garçon frissonne et que sa gêne redouble.

Tout à coup, une porte s'ouvre. C'est la comtesse, suivie de sa fille.

Longue, jaune, sèche, en deuil éternel, avec un « tour » de cheveux d'un noir impitoyable, Mme de Pujade a peut-être été une brune élégante, du temps où le duvet qui ombrage sa lèvre supérieure ne s'était pas encore décidé à devenir de véritables moustaches. Elles ajoutent encore à la sévérité de toute sa personne, de ses mains à mitaines, de son sourire au-dessous de zéro. Félix serait consterné par cette apparition, s'il ne s'apercevait tout de suite — il a vingt-six ans, ne l'oublions pas — que la jeune personne entrée dans le salon derrière la comtesse est très jolie, malgré son air un peu gauche et sa robe mal faite.

— « Ma fille Thérésine, » — a dit Mme de Pujade.

Et tout en répondant de son mieux aux compliments empesés que la comtesse lui adresse sur ses tout récents succès, Félix, toujours fort intimidé et assis au bord de sa chaise, admire à la dérobée cette Thérésine, dont le teint de pêche et les beaux yeux noirs, modestement baissés, lui rappellent les Vierges de Murillo qu'il a vues au Louvre, ces Vierges si charmantes, si humaines avec un rien d'idéal, et dans lesquelles il y a un peu de la madone et beaucoup de la grisette madrilène.

— « Vous partez donc, dès demain matin pour Amélie ? — demanda la comtesse au voyageur.

— Oui, madame. Le docteur Damain m'assure que j'ai besoin d'un repos absolu.

— Nous regretterons de ne pas vous posséder davantage, monsieur. Mais le docteur a raison. Perpignan n'est pas un bon séjour pour les convalescents, et le vent du nord y est fort dangereux. »

En ce moment un coup de sonnette retentit.

— « C'est Monseigneur ! — dit Mlle Thérésine.

— Oui, — ajoute sa mère. — Vous allez dîner, monsieur, avec notre vénérable ami, Monseigneur Calou, des Missions étrangères, dont les pieux voyages en Indo-Chine ont épuisé les forces, et qui s'est retiré ici, dans sa ville natale. Il a désiré faire votre connaissance, car il aime beaucoup la musique, et ma fille lui a déchiffré au piano votre partition. »

Un évêque, à présent ! Félix est pris de peur, positivement. Le voilà aux prises avec tout ce qu'il y a de plus collet-monté dans le monde, la noblesse et le haut clergé. Un évêque ! Il n'en a vu qu'un, crosse à la main et mitre en tête, à Sainte-Marie des Batignolles, l'évêque qui lui a touché la joue le jour de sa confirmation. Saura-t-il se comporter convenablement avec un prince de l'Église ?... Ah ! que le diable emporte le docteur !

Par bonheur, Mgr Calou a, sous ses cheveux blancs, une bonne et joviale figure de vieillard sanguin, et il tend sans façon au jeune homme qu'on lui présente, et qui s'attendait presque à être béni, sa main gantée de violet.

— « Le voici donc, — s'écrie-t-il avec un cordial accent méridional, — le voici donc, ce jeune malade qui vient demander sa guérison à notre soleil... Il fera son devoir, n'en doutez pas, mon cher enfant, et vous pourrez bientôt vous remettre au travail, nous charmer de nouveau par vos belles compositions... Mais le dîner est servi. A table ! »

En effet, la porte de la salle à manger vient de s'ouvrir. L'évêque y pénètre en marchant à côté de Mme de Pujade; Félix offre son bras à la jolie Mlle Thérésine; et, dès que Monseigneur a expédié le *Benedicite*, on attaque le potage.

Le dîner est excellent, un dîner de province, copieux et délicat; et, après le coup du médecin, Félix, bien qu'encore un peu interloqué par les moustaches de la comtesse et la croix pectorale de l'ancien missionnaire, commence à se rassurer. C'est stupide, après tout, sa confusion et son silence; il doit se montrer aimable, il ne veut pas laisser la réputation d'un imbécile ou d'un sauvage. D'ailleurs, le milieu dans lequel il se trouve lui semble déjà plus sympathique. Il commence à croire qu'on s'intéresse à lui. On lui parle de ce qu'il aime, de son art; on lui fait raconter la première représentation de sa *Nuit d'Étoiles*. Et il répond, l'artiste, il s'anime, il s'abandonne. A des mots ingénus, à de gentilles plaisanteries qui lui ont échappé, on a ri, mais avec plaisir, sans ironie et sans malice. Alors il s'épanouit, il cède au besoin des confidences, il dit, avec une naïve éloquence, sa jeunesse si solitaire et si douloureuse, les joies du succès inattendu.

— « Ainsi, vous êtes tombé malade, au lendemain de votre premier bonheur, » — lui dit Mme de Pujade; et elle a un : « Pauvre jeune homme! » plein de bonté.

Et le vieux prêtre le regarde avec des yeux bienveillants, et lui remplit gaîment son verre.

— « Encore un peu de bourgogne, monsieur le convalescent. Cela ne peut que vous faire du bien. »

Mais ce qui réconcilie tout à fait le voyageur avec ses hôtes, ce qui lui rend la confiance, ce qui excite sa verve, c'est la présence de Mlle Thérésine. Car il s'aperçoit qu'il ne lui déplaît pas, qu'elle a doucement souri à toutes ses saillies, que ses beaux yeux noirs aux longs cils retroussés se sont plusieurs fois levés sur lui, et que — non! ce n'est pas une illusion, il en est sûr, — il vient d'y surprendre un regard infiniment doux, presque attendri.

Ah! l'aimable repas! La bonne hôtesse! Le brave homme d'évêque! Et la charmante jeune fille, surtout! La charmante jeune fille!

Mais, tandis que la servante change les assiettes, dans une de ces minutes de silence inexpliqué où les gens du peuple disent : « Il passe un ange, » soudain, — et par hasard, oh! par pur hasard, — Félix Travel voit son visage reflété dans un miroir, là, sur la muraille, en face de lui.

Son visage! Mais est-ce vraiment son visage? Est-ce bien lui, ce jeune homme si maigre, aux yeux caves, au teint plombé? Comment! Il a donc toujours aussi mauvaise mine? Et toutes ses terreurs lui reviennent aussitôt. Une cruelle pensée traverse son esprit. Les attentions, les prévenances de ses hôtes, ce n'est pas à lui particulièrement qu'elles s'adressent, c'est au malade, c'est au poitrinaire qui a déjà la mort sur la figure. Était-il fou de s'imaginer que cette provinciale sèche et altière, que ce vieux prélat, que cette silencieuse et aristocratique enfant, pouvaient porter un tel intérêt à un pauvre diable de musicien, sans fortune, à peine célèbre, sorti hier de la bohème ! Non ! ce qu'il prenait pour de la sympathie, ce n'est que de la pitié. Si la comtesse met tant d'insistance à lui faire accepter ce blanc de poulet, si Monseigneur, de sa main blanche et grasse où brille l'émeraude pastorale, lui verse si paternellement ce chambertin de derrière les fagots, c'est par compassion pour son état; ils en feraient autant, dans une de leurs charitables visites à l'hôpital, pour le premier mendiant venu. Oui ! c'est évident. Il comprend les choses, il s'explique tout, maintenant. On le traite comme un moribond !

Et cette jeune fille ?

Elle aussi, sans doute, éprouve seulement pour lui la banale commisération qu'elle aurait devant tout autre malade. N'allait-il pas s'imaginer qu'il l'avait charmée dès la première rencontre, qu'il éveillait peut-être en elle un sentiment obscur et doux ? Insensé ! Fat et insensé !

Et, comme il jette sur elle un regard irrité, presque méchant, il découvre une indicible tristesse dans les beaux yeux de Thérésine, dans ses beaux yeux mouillés, en ce moment, par deux larmes mal contenues.

Oh! l'affreuse amertume!

Ainsi, il ne s'est peut-être pas trompé. Peut-être cette ignorante et candide enfant, enfouie jusque-là au fond de cette province, dans cette maison claustrale, a-t-elle senti tout à l'heure son cœur tressaillir pour la première fois. Et maintenant elle est navrée en songeant que ce jeune homme dont la vue la trouble, qu'elle va aimer, qu'elle aime déjà, n'a plus que quelques mois, que quelques jours à vivre. Ces larmes qui lui viennent aux yeux, c'est le regret de son espoir d'amour, à peine né, si tôt déçu. Le malheureux qu'il est! Une femme le pleure, en sa présence, de son vivant!

C'est fini. Le charme est rompu. Rempli d'horreur, le cœur battant à grands coups, Félix Travel tombe alors dans un morne silence. A toutes les obligeantes questions de ses hôtes, il ne répond que par des monosyllabes, des phrases confuses. Fuir! il ne pense plus qu'à fuir! Dès qu'on se lève de table, il s'excuse avec maladresse, se déclare plus souffrant. Et ce prêtre et ces femmes, avec leurs façons affectueuses, leurs recommandations inquiètes; lui deviennent odieux. « Enveloppez-vous bien... Prenez garde de prendre froid. » Oh! les gens importuns !

Enfin, le voilà dehors, libre. Il s'en va, cherchant à reconnaître son chemin dans les rues noires et désertes de la vieille ville, sous la claire et froide nuit d'étoiles; et, grelottant sous ses habits, seul, tout seul avec l'exécrable peur de la mort, il se dit tout haut à lui-même et se répète sans cesse, comme un monomane:

« Perdu ! Je suis perdu ! »

. . . .
. . . .
. . . .

Deux mois après, complètement guéri par le bon soleil et l'air salubre des montagnes, Félix Travel, en repassant par Perpignan, était, une seconde fois, invité à dîner avec l'évêque chez Mme de Pujade; — et c'était à qui le féliciterait sur son bon appétit et sur sa belle mine.

Épanoui de se porter si bien, le musicien voit, à présent, les choses comme elles sont. Il est dans une bonne maison de province, mal meublée, c'est vrai, mais où la chère est exquise. Mgr Calou a la rondeur et la bonhomie d'un vieil aumônier de régiment; et la comtesse elle-même, malgré ses airs guindés, laisse apparaître, de temps en temps, un sourire de brave femme sous ses moustaches.

Il n'a plus de timidité, aujourd'hui, le voyageur; il se montre amusant, spirituel, et, quand il regarde, par hasard, le miroir en face de lui, il y reconnaît son visage — celui d'un joli garçon, ma foi! — tout radieux de santé et de jeunesse. Ah! quelle joie de vivre!

Non! pourtant, il a un souci. Les yeux de Mlle Thérésine évitent à présent de se tourner vers lui: elle les tient obstinément baissés sur son assiette. Pourquoi cette réserve excessive? S'est-elle dit qu'elle ne doit pas s'intéresser à un jeune homme qui n'est point de son monde, à un artiste qui passe; ou bien est-ce Félix qui s'est fait illusion, la dernière fois?

Il ne le saura jamais. Demain, il part pour ne plus revenir. Mais — l'homme est si inconséquent, si bizarre! — voilà que le convalescent épanoui est pris d'une mélancolie soudaine. Il se rappelle les beaux regards de Vierge de Murillo fixés si doucement sur lui, les beaux regards de madone et de grisette pleins de pitié et de larmes, et, pour un peu, il songerait presque :

« Décidément, je ne suis plus malade... Quel dommage ! »

OEuvres posthumes

OEuvres posthumes

Comme le jour tombait, — un jour de Janvier, couleur de cendre, — j'avais posé ma plume et je m'étais assis au coin du feu. Dans la chambre, chauffée depuis de longues heures, où le nuage de fumée de mes cigarettes augmentait l'obscurité crépusculaire, je m'abandonnais, tout en tisonnant, à la sensation de fatigue heureuse qui suit une séance de bon travail. Un coup de sonnette me tira de ma rêverie.

— « Il y a là, — me dit ma servante avec ce ton

dédaigneux que prennent involontairement les domestiques pour annoncer des visiteurs de mince apparence, — il y a là une dame en noir, accompagnée d'un petit garçon, qui désire parler à Monsieur. »

Je donnai l'ordre d'introduire, et, une minute après, je vis s'avancer, dans la pénombre, un groupe lamentable.

Elle devait être encore jeune, cette grande et lugubre veuve, car le chétif garçonnet, — son fils, évidemment, — qui se serrait contre sa jupe noire, pouvait avoir dix ans à peine; mais tous deux, la mère et l'enfant, étaient si usés, si flétris par la misère, que la femme semblait hors d'âge et l'enfant déjà vieux. Ils s'approchaient, marchant sur le profond tapis avec la lenteur timide et silencieuse des malheureux, glissant presque; et, quand ils s'arrêtèrent devant moi, dans le brouillard obscur de la chambre, pâles, tout en noir, l'ample voile de la veuve les enveloppant d'une auréole de ténèbres, je frissonnai comme devant deux spectres.

— « A qui ai-je l'honneur?... » dis-je, en indiquant un fauteuil.

La pauvre femme s'assit, attira son petit garçon près d'elle, et me répondit d'une voix basse et douce :

« Je suis la veuve d'Agricol Mallet... On m'a dit, monsieur, que vous l'aviez un peu connu autrefois... avant la guerre... et je venais savoir si vous voudriez bien... enfin, vous prier de souscrire à ses œuvres posthumes. »

Agricol Mallet ! A ce nom, mon esprit fut traversé par un tourbillon de souvenirs. Je le revis, tel qu'il m'était apparu pour la première fois, au café de Lisbonne, à cette table des « politiques », où le fameux Michel Polanceau, aujourd'hui député, chef de groupe, et désigné pour présider le prochain cabinet radical, prophétisait tous les soirs, à l'heure de l'absinthe, la chute des Bonaparte et l'imminente révolution. Agricol Mallet ! Parbleu ! ce brun à tête de romain, le plus violent et le plus exalté disciple de Polanceau, celui qui, à chaque motion incendiaire du tribun, secouait, d'un geste héroïque, sa lourde chevelure et faisait frissonner les verres et les dominos en frappant du poing la table de marbre. Un naïf et généreux cœur, ivre de mots sonores ! Je me rappelais...

Dès le 4 Septembre, il avait pris la casquette noire et le reminghton du franc-tireur, s'était battu, au Bourget, comme un enragé, puis, à la fin du grand siège, il avait été gagné, lui, comme tant d'autres, par cette fièvre obsidionale qui tourna en folie, au 18 Mars, et il avait fini par tomber, criblé de balles, un képi de commandant fédéré sur la tête et une ceinture rouge autour du ventre, — à vingt-trois ans, malheureux enfant! — sur la barricade du Château-d'Eau.

Agricol Mallet! Oui, je l'avais un peu connu, et je l'estimais pour la noble et dure existence qu'il menait alors, pour sa courageuse misère de poète, marié par amour à vingt ans et vendant au cachet son grec et son latin, afin de nourrir sa femme et son nouveau-né. Il avait donc laissé des œuvres posthumes?... Mais parfaitement! Je me souvenais. Un soir, il m'avait lu deux ou trois poèmes, des vers élégiaques et murgériformes, avec une petite note tendre, toujours la même, — comme celle du crapaud, — mais sincère; et même je m'étais dit qu'il avait bien tort de préférer le bonnet rouge de Marianne au bonnet fleuri de Musette, et qu'au fond ce buveur de sang était un buveur de lait.

En ce moment, — il faisait presque nuit dans mon cabinet, — la bonne apporta une lampe, et je pus mieux voir la veuve du commandant fédéré.

Elle était tragique.

On avait froid rien qu'à regarder sa robe et son châle, d'un noir sale ; et son navrant chapeau de crêpe, d'où s'échappaient quelques mèches de cheveux blonds desséchés, semblait presser et amaigrir l'ovale, jadis pur, de ce triste visage, meurtri par la souffrance. Les grands yeux, d'un bleu faïence, étaient encore jolis et touchants, malgré la patte d'oie et la poche aux larmes. Vieille à trente ans, Mme Mallet faisait le dos rond à la façon des femmes du peuple souvent battues. D'une main, elle maintenait sur son genou un paquet assez volumineux, enveloppé dans un journal, et de l'autre, avec un geste maternel, elle serrait contre elle son fils, enfant chlorotique, qui avait l'air d'avoir grandi en prison. Le détail le plus douloureux, c'étaient les gants de la pauvre veuve, d'horribles gants de castor noir, blanchis aux coutures et crevés au bout des doigts.

Saisi d'une vive pitié, je dis à Mme Mallet que je n'avais pas oublié son mari, et je la priai de disposer de moi.

Elle défit alors son paquet, qui contenait une

demi-douzaine de volumes à couverture rouge, et elle m'en offrit un.

— « Puisque vous avez la bonté de souscrire, — me dit-elle, — voici votre exemplaire, monsieur. »

Je jetai un regard sur le titre, imprimé en caractères d'un noir profond sur papier sang de bœuf; il était ainsi libellé : *Agricol Mallet. OEuvres Posthumes, avec une préface de Michel Polanceau, député.*

— « Ah! — murmurai-je, — M. Polanceau a fait une préface. »

Dans le groupe républicain du café de Lisbonne, auquel je m'étais jadis mêlé par hasard, moi, littérateur inoffensif, il m'avait toujours déplu, le Polanceau, avec sa tête ronde aux dures moustaches de sous-officier méchant. Parmi cette jeunesse exaltée, lui seul était calme, mais d'un calme chargé de haine: un verre d'eau froide, empoisonnée. Excellent professeur de droit, il avait cependant été refusé à la soutenance de sa thèse de doctorat, à cause des opinions socialistes qu'elle contenait et qu'il défendit énergiquement devant les maîtres. Très brave, il avait déjà tué un homme, dans un duel au pistolet. Par son éloquence bilieuse, faite de logique et d'amertume,

il s'imposait comme un chef futur à la table des
« politiques » ; mais, tandis que ces têtes chaudes
rêvaient de combats et de triomphes, lui ne médi-
tait que vengeance. Il dressait d'avance les listes
de suspects. A la « prochaine », il faudrait arrêter
celui-ci, faire passer celui-là en cour martiale.
C'était un de ces révolutionnaires qui, dès que
l'émeute éclate, marchent sur la préfecture de
police et signent d'abord des mandats d'arresta-
tion; car l'habitude des sociétés secrètes donne
ce goût dépravé, et dans tout conspirateur il y
a du mouchard. Comme Agricol Mallet, comme
plusieurs autres camarades qui devaient tâter du
bagne ou de l'exil, Polanceau, lui aussi, s'était
jeté dans la Commune; mais, heureux ou habile,
il en était sorti en temps opportun, les mains
pures de sang, un peu comme celles de Ponce-
Pilate. Enfin, nommé député et votant avec l'extrême opposition de gauche, il avait rapidement
pris,—ayant, en somme, du mérite, et beaucoup,
— une place très importante à la Chambre.
Encore une crise ministérielle, et certainement ce
serait son tour de tenir la queue de la poêle.

— « Mais oui, — disait la veuve du fédéré, de
cette voix brisée qui faisait mal à entendre, —

M. Polançeau a écrit la préface des poésies posthumes de mon pauvre mari... Dam! c'était tout ce qu'il pouvait pour nous... Vous le savez, il n'est pas bien avec les gens au pouvoir... »

Cependant, j'avais remis à la pauvre femme le prix de ma souscription. Je n'osai faire plus; après tout, elle ne mendiait pas. Puis, comme elle s'était brusquement levée, je la reconduisis en lui adressant quelques paroles de sympathie, et, resté seul, je parcourus le petit livre.

A coup sûr, les frères et amis qui l'auraient acheté de confiance, attirés par le nom de l'auteur et la maculature écarlate, n'en auraient pas eu pour leur argent. Celui qui, dans la vie réelle, avait conduit au feu les hirsutes et farouches combattants de la Commune, ne savait mener, en imagination, que les brebis de la Deshoulières; et, sauf quelques ïambes déclamatoires, mal imités d'Auguste Barbier, — la seule pièce vraiment mauvaise du volume, — on ne trouvait là que des vers printaniers, jolis et frais comme des pâquerettes, écrits par Agricol pour sa jeune femme, auprès du berceau de leur petit enfant. Ils allaient au cœur quand même, bien qu'un peu faiblots, ces poèmes inspirés par la lune de miel, où le nom de la bien-aimée reparaissait à chaque page. *Sonnet pour Cécile.* — *A ma chère Cécile*. Le poète y racontait ses uniques et pures amours, gentiment, simplement, avec une pointe de réalisme qui ne déplaisait pas. C'était sa première rencontre avec la jeune fille, dans une soirée bourgeoise à verres d'orgeat; et les regards furtivement échangés sous l'abat-jour, pendant la partie de vingt-et-un; et le premier baiser sur le front, aux jeux innocents. On suivait ainsi l'humble roman. Ils se mariaient, les amoureux, ils se mettaient en ménage et ils s'aimaient, dans leur petit logement au cinquième, en haut de Montmartre, pareils à un couple de chardonnerets en cage chez une ouvrière qui n'a pas toujours de quoi leur acheter du mouron. Bien des fois, le poète l'avouait, on avait remplacé le dessert par un baiser.

En lisant ces gracieuses confidences, on devinait qu'Agricol, « l'irréconciliable », comme on disait alors, avait dû souvent oublier les grands principes et se laisser tout bêtement vivre. Certes! il avait été heureux le soir de l'élection de Rochefort, mais moins que le jour où, se voyant à la tête de quelques économies, il avait pu offrir à sa

Cécile l'armoire à glace, ambitieux idéal de toutes les grisettes; et, au retour des chasses aux violettes qu'ils faisaient ensemble dans les bois de Vélizy, au premier printemps, le révolutionnaire ne se fâchait pas, j'en suis sûr, quand sa chère femme, épuisée de fatigue, se laissait tomber dans le grand fauteuil, et, n'ayant pas même la force de se lever pour serrer son modeste chapeau de paille, en coiffait sans façon le buste en plâtre de la République, à portée de sa main, sur la cheminée... Et cette aimable idylle avait fini en mélodrame sanglant! Et ce doux jeune homme, père de famille avant d'être majeur, que les commères du quartier regardaient avec un sourire attendri, quand, se promenant à côté de sa femme, — une enfant presque, — il poussait devant lui la petite voiture où dormait le bébé, ce naïf poète avait commandé une bande d'ivrognes incendiaires et s'était fait tuer pour une loque rouge! N'était-ce pas révoltant? Oh! l'infamie, la bêtise des rages politiques!... Et, les yeux chatouillés de larmes, le cœur battant trop fort, je fermai nerveusement le volume.

Je revis alors la couverture rouge et le nom de Polanceau.

Qu'avait-il pu dire, celui-là, le fanatique, à propos de ces chansons d'oiseau parisien ? Qu'avait-il pu y comprendre ?

Rien. Un coup d'œil rapide jeté sur la préface du député radical m'en fournit la preuve. Pas un cri jailli du cœur, pas une ligne où tremblât l'émotion, mais des phrases ronflantes, où vibrait comme un écho lointain des feux de peloton de la guerre civile. De nouvelles élections étaient proches, et cette tartine, qu'avaient dû reproduire tous les journaux populaires, puait la réclame. De la peau de ce mort, le candidat s'était fait un tambour pour battre la caisse devant son programme. Écœuré, je jetai le livre.

D'ailleurs, l'heure du dîner était venue ; et comme, en ce temps-là, je rendais compte des premières représentations dans un journal et versais, tous les Lundis, danaïde littéraire, mon urne de prose dans le puits sans fond du feuilleton, je fis ma toilette tout de suite après le café et me rendis à la Comédie-Française, où l'on reprenait je ne sais quelle comédie de Scribe.

Le premier personnage que j'aperçus de loin, en entrant au foyer du public, ce fut Michel Polanceau.

Debout aux pieds de la statue de Voltaire et entouré d'un groupe de gens communs, qu'à leurs habits de coupe provinciale on devinait députés, il pérorait, mis correctement, rajeuni, malgré ses tempes grisonnantes, transfiguré par le succès, — superbe! Mon Dieu, oui! l'ancien sectaire du café de Lisbonne, qui tenait du « sous-off » par ses moustaches et du pion par ses lunettes, était devenu presque élégant, et à son commencement d'embonpoint majestueux et truffé, on pressentait le ministre de demain.

Je ne pus que le reconnaître d'un coup d'œil. Le grelottement de la sonnette électrique annonçait le lever du rideau.

Mais à peine fus-je installé dans mon fauteuil, à l'orchestre, qu'un léger rire, venant d'une baignoire voisine, me fit tourner la tête; et là, dans l'ombre cythéréenne de la loge, je distinguai — derrière une belle personne qui a été bien jolie en 62, quand elle appartenait, s'il vous plaît, à un prince royal, — l'austère profil du citoyen Polanceau, lequel gobait une cerise confite que lui offrait en riant la demoiselle.

La toile se leva. Mais ce soir-là, moins que jamais, je ne pus m'intéresser aux amours du jeune premier en sucre et de l'ingénue en robe rose. Je revoyais la table des « politiques » et ce pauvre écervelé d'Agricol buvant l'éloquence à la glace du tribun d'estaminet, et je songeais au coin sinistre du Père-Lachaise où pourrissent, pêle-mêle, les communards du dernier combat, et où Mme Mallet, en haillons de deuil, va parfois déposer une maigre couronne ; je l'évoquais surtout dans ma pensée, la lamentable veuve, son paquet de volumes sous l'aisselle, traînant son maladif enfant par les boues de Paris et usant ses vieux gants de solliciteuse à tous les cordons de sonnette ; et je croyais encore l'entendre, en parlant de la préface de Polanceau aux poésies de son mari, me dire, de sa voix de fantôme, avec sa pitoyable candeur : « C'était tout ce qu'il pouvait pour nous. »

En effet, le citoyen Polanceau a fait cette préface, et il se croit sans doute très généreux envers la mémoire de son ami... Pouah !

A Table

A Table

Q UAND le maître d'hôtel, — oh! quel ventre respectable dans l'ample gilet de casimir! quelle face digne et rouge, bien encadrée de favoris blancs! un physique de pair d'Angleterre, je vous assure! — quand l'imposant maître d'hôtel eut ouvert à deux battants la porte du salon et annoncé d'une belle voix de basse chantante, à la fois sonore et respectueuse : « Le dîner de Madame la comtesse est servi », on posa les chapeaux sur l'angle des consoles, les personnages les plus considérables offrirent le bras aux dames, et tous passèrent dans la salle à manger, silencieux, presque recueillis, comme à la procession.

Le couvert étincelait. Que de fleurs! que de lumières! Chaque invité trouvait sa place sans difficulté; dès qu'il avait lu son nom sur le carton glacé, tout de suite, un grand laquais en bas de soie poussait derrière lui, avec douceur, une moelleuse chaise brodée de la couronne comtale. Quatorze convives, pas davantage : quatre jeunes femmes, en grand décolleté, et dix hommes, appartenant à l'aristocratie du sang ou du mérite, qui avaient mis, ce soir-là, tous leurs ordres, en l'honneur d'un diplomate étranger, assis à la droite de la maîtresse de la maison. Des paquets de petites décorations pendaient en breloques aux boutonnières; sous le revers de deux ou trois habits noirs, brillaient des plaques de diamants; une lourde croix de commandeur s'étalait sur le plastron empesé d'un général cravaté de rouge. Quant aux dames, elles avaient arboré toutes les splendeurs de leurs écrins.

L'élégante, l'exquise réunion! Et quelle atmosphère de bien-être dans la salle haute, chauffée à point et ornée, sur ses quatre panneaux, de grandes natures mortes dans le goût magnifique d'autrefois, où s'écroulaient des fruits, des venaisons, des victuailles de toutes sortes. Le service se faisait sans bruit : les domestiques semblaient glisser sur le tapis épais, le sommelier nommait les vins à l'oreille des convives sur le ton de la confidence et comme s'il leur révélait un secret dont sa vie aurait dépendu.

Dès le potage, — un consommé tout ensemble onctueux et énergique, qui vous emplissait l'estomac de force et de jeunesse, — les causeries entre voisins avaient commencé. Sans doute, ce furent d'abord des banalités qu'on échangea à demi-voix. Mais quelle politesse dans les sobres gestes ! Quelle bienveillance dans les regards et dans les sourires ! D'ailleurs, aussitôt après le Château Yquem, l'esprit flamba. Ces hommes, vieux ou très murs pour la plupart, tous remarquables par la naissance ou par le talent, ayant beaucoup vécu, pleins d'expérience et de souvenirs, étaient faits pour la conversation, et la beauté des femmes présentes leur inspirait le désir de briller, excitait leurs intelligences courtoisement rivales. De jolis mots pétillèrent, des saillies soudaines prirent leur vol, des entretiens à deux, à trois personnes, se formèrent. Un fameux voyageur, au teint bronzé, récemment revenu du fond des déserts, contait à ses deux voisins une chasse aux éléphants, sans fanfaronnade aucune, avec autant de tranquillité que s'il eût parlé de tirer des lapins. Plus loin, le fin profil à cheveux blancs d'un savant illustre se penchait gaîment vers la comtesse, qui l'écoutait en riant, très svelte et très blonde, les yeux jeunes et étonnés, avec un collier de splendides émeraudes sur sa poitrine de beauté professionnelle, à la gorge basse comme celle de la Vénus de Médicis.

Décidément, ce dîner somptueux promettait d'être charmant aussi. L'ennui, cet hôte trop fréquent des fêtes mondaines, ne viendrait pas s'asseoir à cette table. Ces heureux allaient passer une heure délicieuse, jouir par tous les pores, par tous les sens.

Or, à cette même table, au bas bout de cette table, à la place la plus modeste, un homme encore jeune, le moins qualifié, le plus obscur de tous ceux qui étaient là, un homme d'imagination et de rêverie, un de ces songe-creux en qui il y a du philosophe et du poète, restait silencieux.

Admis dans la haute société à la faveur de son renom d'artiste, aristocrate de nature, mais sans vanité, issu du peuple et ne l'oubliant pas, il respirait voluptueusement cette fleur de civilisation qui s'appelle la bonne compagnie. Il sentait, plus et mieux qu'un autre, combien tout, dans ce milieu, — le charme des femmes, l'esprit des hommes, et le couvert étincelant, et l'ameublement de la salle, jusqu'au vin blanc velouté dont il venait de mouiller ses lèvres, — combien tout était rare et choisi; et il se réjouissait qu'un concours de choses aussi aimables et aussi harmonieuses existât. Il était comme plongé dans un bain d'optimisme. Il trouvait bon qu'il y eût, au moins quelquefois, au moins quelque part, dans ce triste monde, des êtres à peu près heureux. Pourvu qu'ils fussent accessibles à la pitié, charitables, — et ils l'étaient très probablement, ces satisfaits, — qui gênaient-ils, quel mal faisaient-ils? Oh! la belle et consolante chimère de croire qu'à ceux-ci la vie faisait grâce, qu'ils gardaient toujours — ou presque toujours — cette lumière douce et gaie dans le regard, ce sourire à demi épanoui sur la bouche, qu'ils avaient supprimé, autant que possible, de leur existence, les besoins impérieux et déshonorants, les infirmités abjectes!

Celui que nous appellerons « le Rêveur » en était là de ses réflexions, quand le maître d'hôtel, le superbe maître d'hôtel, arriva de l'office avec solennité, portant sur un grand plat d'argent un turbot de dimension fabuleuse, un de ces poissons phénomènes comme on n'en voit que dans les tableaux anciens représentant la Pêche miraculeuse, ou encore à l'étalage de Chevet, devant une rangée de gamins ébahis s'écrasant le bout du nez contre la vitre.

On servit. Mais lorsque le Rêveur eut devant lui, sur son assiette, un morceau du monstrueux turbot, la légère odeur de marée évoqua, dans son esprit enclin aux correspondances subites, ce coin de la côte bretonne, ce très misérable village de marins où il s'était attardé, l'autre automne, jusqu'à l'équinoxe, et où il avait assisté à de si furieux coups de mer. Il se rappela tout à coup cette nuit effroyable où les bateaux n'avaient pas pu rentrer à l'échouage, cette nuit qu'il avait passée sur le môle, mêlé au groupe des femmes consternées, debout dans l'embrun qui ruisselait sur son visage et dans le vent froid et furieux qui semblait vouloir lui arracher ses habits. Quelle vie que celle de ces pauvres gens! Combien il y en avait là-bas, des veuves, jeunes et vieilles, portant pour toujours le châle noir, et qui s'en allaient, dès le petit jour, avec des tiaulées d'enfants, gagner leur pain, — oh! rien que du pain! — en travaillant, dans l'odeur nauséabonde de l'huile chaude, aux sardineries. Il revoyait par le souvenir l'église, dominant le village, à mi-côte de la falaise, l'église, dont le clocher était badigeonné de blanc, pour indiquer aux bateaux venant du large la passe entre les récifs, et il revoyait aussi, dans l'herbe courte du cimetière, broutée par de maigres moutons, les pierres tombales sur lesquelles se répétait si souvent cette inscription sinistre: *Mort en mer... Mort en mer... Mort en mer...*

L'énorme turbot avait le goût le plus fin, le plus savoureux, et le jus de crevettes dont il était assaisonné prouvait que le chef de M. le Comte avait dû suivre les cours de cuisine du Café Anglais et en profiter. Car notre civilisation raffinée en est à ce point. On prend ses degrés dans la science culinaire. Il y a des docteurs en rôti et des bacheliers ès sauces. Tous les convives mangeaient vivement, avec des gestes délicats, mais sans rien manifester en faveur du mets exceptionnel, par bon ton et par habitude de la chère exquise.

Le Rêveur, lui, n'avait plus d'appétit. Il était encore en pensée avec ses Bretons, avec les gens de mer qui avaient peut-être pêché ce magnifique turbot. Il se rappelait ce lendemain de tempête, ce matin pluvieux et gris, où, se promenant devant les lourdes lames couleur de plomb, il avait rencontré sous ses pas et reconnu le corps de ce vieux marin père de famille disparu en mer depuis trois jours, cette lugubre épave, échouée dans le varech et dans l'écume, si navrante à voir avec ses cheveux gris de noyé, pleins de sable et de coquillages.

Un grand frisson lui passa dans le cœur.

Mais les laquais avaient déjà enlevé les assiettes, fait disparaître toute trace du poisson géant; et, tandis qu'on servait un autre plat, les dîneurs élégants et frivoles avaient repris leurs causeries. La faim étant déjà un peu apaisée, ils s'animaient, parlaient avec plus d'abandon. De légers rires couraient. Oh! la charmante et gracieuse compagnie.

Alors, le Rêveur, l'hôte silencieux, fut pris d'une tristesse infinie; car tout ce qu'il faut de travail et de douleur pour créer le confortable et le bien-être venait de surgir devant son imagination.

Pour que ces hommes du monde puissent être vêtus seulement d'un mince frac en plein Décembre, pour que ces femmes montrent leurs bras et leurs épaules, le calorifère répand dans la chambre la chaleur d'une matinée de printemps. Mais qui donc a fourni la houille? Le damné du pays noir, l'ouvrier souterrain qui vit dans l'enfer des mines. — Combien la peau de cette jeune dame est blanche et fraîche pour émerger ainsi, victorieusement, de ce corsage de satin rose. Mais qui donc l'a tissé, ce satin? L'araignée humaine de Lyon, le canut toujours à son métier dans les maisons lépreuses de la Croix-Rousse. — Elle porte à ses mignonnes oreilles deux admirables perles, la jeune dame. Quel orient! Quelle transparence opaline! Et presque sphériques! La perle que

Cléopâtre avala, après l'avoir fait dissoudre dans du vinaigre, et qui valait dix mille grands sesterces, n'était pas plus pure. Mais sait-elle, la jeune dame, que tout là-bas, à Ceylan, sur les bancs d'huîtres perlières d'Arippo et de Condatchy, les Indiens de la Compagnie des Indes plongent à douze brasses de profondeur, héroïquement, un pied dans le lourd étrier de pierre qui les entraîne au fond, un couteau dans la main gauche pour combattre le requin ?

Mais quoi ! On est belle et coquette. La salle à manger est chaude et parfumée. On y peut dîner gaîment, demi-nue et très parée, en flirtant avec son voisin. Quel rapport, je vous le demande, peut-on avoir avec un ouvrier ténébreux qui pioche à cinquante pieds sous terre, avec un tisseur ankylosé devant sa machine, avec un sauvage qui saute dans la mer et parfois la rougit de son sang ? Pourquoi penserait-on à ces choses tristes et laides ? Quelle absurdité !

Cependant, le Rêveur est poursuivi par son idée fixe.

Depuis un instant, sans y prendre garde, machinalement, il a émietté sur la nappe un peu du petit pain doré qui est placé près de son assiette. Oh! c'est un aliment de fantaisie, insignifiant dans un tel repas. Il fait songer au mot naïf de la grande dame sur les misérables affamés : « Qu'ils mangent de la brioche! » Pourtant ce joli gâteau, c'est du pain tout de même, du pain fait avec de la farine, qu'on a faite elle-même avec du blé. Mon Dieu, oui, c'est du pain, tout bonnement, du pain, comme la miche du paysan, comme la boule de son du troupier; et pour qu'il arrive là, sur la table du riche, il a fallu le patient labeur de bien des pauvres.

Le paysan a labouré, semé, récolté. Il a poussé sa charrue ou conduit sa herse dans les terres grasses, sous les froides aiguilles de la pluie d'automne; il s'est réveillé, plein de terreur pour son champ, quand il tonnait, la nuit; il a tremblé en voyant passer les gros nuages violets, chargés de grêle; il est sorti, sec et noir, de l'énorme travail et des sueurs épuisantes de la moisson.

Et quand le vieux meunier, tordu par les rhumatismes qu'il a attrapés dans les brumes de la rivière, a envoyé la farine à Paris, les forts de la Halle, aux grands chapeaux blancs, ont porté les sacs écrasants sur leurs larges dos, et, la nuit dernière encore, dans la cave du boulanger, les geindres ont râlé jusqu'au matin.

— Oui, vraiment! Il a coûté tous ces efforts et toutes ces peines, le petit pain rompu distraitement par ces mains blanches de patriciens.

C'est maintenant une obsession pour l'incorrigible Rêveur. Les délicatesses de ce repas ne lui rappellent que les souffrances humaines. Tout à l'heure, quand le sommelier lui a versé un verre de chambertin, ne s'est-il pas souvenu que certains ouvriers verriers deviennent phtisiques à force de souffler des bouteilles ?

Allons! c'est ridicule. Il sait bien que le monde est ainsi fait! Un économiste lui rirait au nez. Est-ce qu'il deviendrait socialiste, par hasard ? Il y aura toujours des riches et des pauvres, comme il y aura toujours des hommes bien plantés et des bossus.

D'ailleurs, les heureux qu'il a devant lui ne le sont pas injustement. Ce ne sont point de vulgaires favoris du Veau d'or, des parvenus égoïstes et grossiers. Le grand seigneur qui préside la table porte avec honneur et dignité un nom mêlé à toutes les gloires de la France. Ce général aux moustaches grises est un héros, et il a chargé avec l'intrépidité d'un Murat, à Rezonville. Ce peintre, ce poète, ont fidèlement servi l'Art et la Beauté. Ce chimiste, fils de ses œuvres, qui a débuté dans la vie comme garçon pharmacien et qu'aujourd'hui le monde savant écoute comme un oracle, est simplement un homme de génie. Ces nobles femmes sont généreuses et bonnes, et, avec un courage discret, elles vont souvent plonger leurs belles mains jusqu'au fond des infortunes. Pourquoi ces êtres d'élite n'auraient-ils pas des jouissances d'exception ?

Il se dit, le Rêveur, qu'il a été injuste. C'étaient de vieux sophismes, bons tout au plus pour les clubs de faubourgs, qui se sont réveillés dans sa mémoire et dont il a été dupe. Est-ce possible! Il a honte de lui-même.

Mais le dîner touche à sa fin, et tandis que les laquais remplissent une dernière fois les coupes de vin de Champagne, le silence s'établit. Les convives sentent la fatigue de la digestion qui commence. Le Rêveur les regarde alors l'un après l'autre, et tous ces visages ont une expression blasée et assouvie qui l'inquiète et qui le dégoûte. Un sentiment obscur, inexprimable, — mais si amer! — proteste quand même, au fond de son cœur, contre ces repus; et, quand on se lève enfin de table, il se répète tout bas, obstinément :

« Oui! ils sont dans leur droit..... Mais, savent-ils, savent-ils bien que leur luxe est fait de tant de misères?... Y pensent-ils quelquefois?... Y pensent-ils aussi souvent qu'il faudrait?... Y pensent-ils? »

Les Pommes cuites

Les Pommes cuites

I

RIDÉES, luisantes, noircies de plus d'un coup de feu, les pommes cuites mijotaient sur un petit fourneau de faïence, à la porte d'une humble fruiterie de la rue de Seine, et elles étaient destinées, selon toute apparence, à constituer le dessert de quelque ménage d'ouvriers, lorsque la comédienne Sylvandire, la grande coquette de l'Odéon, qui passait dans sa victoria, aperçut le petit fourneau et fut prise d'un caprice étrange.

Au grand ébahissement de la vieille fruitière, l'élégante voiture s'arrêta devant la boutique, la belle dame en descendit, déganta sa main droite, et, sans gêne aucune, encombrant le trottoir de sa toilette tapageuse, elle se mit à manger une, deux, trois pommes cuites, avec un appétit tout populaire.

En ce moment, un homme déjà vieux, mais grand, fort, et portant haut la tête, qui arrivait, en mâchonnant un gros cigare et les mains plongées dans les poches de son paletot, orné d'un large ruban rouge, passa tout près de l'actrice, la reconnut et partit d'un bruyant éclat de rire.

— « Comment, Sylvandire, tu aimes tant que cela les pommes cuites! Toi, une actrice! »

Elle se retourna et reconnut la barbe teinte et la face audacieuse du célèbre auteur dramatique César Maugé, du satirique amer et effronté, dont chaque pièce est un triomphe et un scandale, et qui s'est fait adorer de la société moderne comme un ruffian par une fille, en la cravachant.

— « Un souvenir d'enfance, mon cher maître, — répondit gaîment la grande coquette en faisant une révérence comique au pacha théâtral. — Cela me rappelle l'époque où je portais mes cheveux dans un filet de chenille rouge et où je logeais chez papa, qui était cordonnier rue Ménilmontant, et qui me fichait des calottes quand je ne rentrais du bal Favié que le lendemain à midi... On n'a pas toujours été une grande *artisse*, — continua-t-elle avec un horrible accent de blague faubourienne ; — on n'a pas toujours avalé sa langue en compagnie d'un empaillé de prince russe qui vous appelle « madame » jusque sur l'oreiller, et, vous voyez, mon cher, on ne rougit pas de son origine... Les pommes cuites et Ugène !... J'avais un Ugène, alors... C'était le bon temps ! »

La cynique boutade de la coquine fit sourire l'homme de théâtre, vieux Parisien corrompu.

— « Et il paraît que tu as eu un succès fou dans la *Petite Baronne*, — dit-il à la comédienne, qui, ayant payé la vieille fruitière, était remontée dans sa victoria et reboutonnait son gant.

— Vous n'étiez donc pas à la « première » ? — s'écria-t-elle, étonnée.

— Non. Je ne vais presque jamais à l'Odéon.

— Eh bien, venez donc voir ça... Je vous assure, ça vaut le voyage... Adieu. »

César Maugé mentait. Il avait si bien vu Sylvandire dans la *Petite Baronne*, qu'il songeait à lui confier un rôle; mais il n'était pas encore tout à fait décidé et il craignait de se compromettre.

La vérité, c'est que, depuis deux mois, tout le public était amoureux de la grande coquette, qui, chaque soir, opérait ce miracle de remplir l'Odéon de jeunes « clubmen » en gilets à cœur. Cet engouement du Paris blasé — légitime, par hasard, car Sylvandire est une fille atroce, mais une exquise comédienne, — était surtout causé par le regard dont elle soulignait le mot « peut-être » à la fin du troisième acte de la *Petite Baronne*. Ce regard, chef-d'œuvre de perversité et de « bovarisme », ce regard qui exprimait et résumait toute la poésie malsaine de l'adultère, avait suffi pour transformer le provincial Odéon en rendez-vous élégant, en centre de la « haute vie ». Surpris d'abord et ahuri par le succès, le directeur n'avait pas tardé à reprendre ses esprits et s'était mis à la hauteur de la situation. Pour remplir les longs entr'actes de la *Petite Baronne,* — la pièce, jolie d'ailleurs, se composait de quatre petits tableaux, de vingt-cinq à trente minutes chacun, — il avait rétabli l'orchestre; non le vieil orchestre odéonien qui râpait des valses surannées, mais un double quatuor de virtuoses choisis, jouant avec un ensemble parfait un peu de bonne musique et berçant les conversations des mondaines, en train de picorer des fruits glacés dans leurs loges, au gazouillement des fauvettes d'Haydn et des rossignols de Mozart. — S'il n'eût pas tremblé pour sa subvention et redouté la commission du budget, ce directeur, à qui les fumées du succès montaient à la tête, aurait fait imprimer sur son affiche, — sur la grave et classique affiche de l'Odéon, — pour mieux annoncer le « clou » de la *Petite Baronne* : « *Tous les soirs, à onze heures moins un quart, le* « *regard* » *de Mademoiselle Sylvandire.* »

Or, le jour de la « soixante-cinquième », la comédienne était en train de faire son changement du « trois », — l'acte du *regard*, — et la délicieuse brune, épaules et bras nus, baissait la tête pour enfiler la robe que lui présentait l'habilleuse, lorsque César Maugé entra dans sa loge, brusquement, ayant à peine frappé à la porte.

L'actrice poussa un petit cri. Mais l'auteur dramatique — une vieille connaissance — la baisa sur le croquant de l'oreille, par égard pour le maquillage ; puis, après avoir allumé un cigare au bec de gaz de la toilette, il se laissa tomber sur le canapé, ôta son chapeau, et, tournant ses yeux d'acier vers la comédienne :

« Sylvandire, — lui dit-il, — veux-tu jouer ici le premier rôle de ma nouvelle pièce?... Oui, celle que je destinais au Vaudeville? »

Autant aurait valu demander à un desservant de village s'il voulait être pape.

Sylvandire eut un éblouissement. Laissant la robe béante sur les bras tendus de l'habilleuse, elle sauta sur le canapé auprès de l'auteur célèbre, lui jeta les bras au cou, et, presque nue, la gorge hors du corset, ouvrant dans un sourire libertin la grenade mûre de sa bouche, elle s'écria :

« Si je veux! »

Mais, le lâchant aussitôt et s'éloignant de lui d'un bond, elle ajouta, d'une voix froide :

« A quelle condition? »

Maugé laissa éclater son gros rire; puis, une fois calmé, tirant une bouffée de son cigare, il reprit :

« Tu es décidément une fille d'esprit... Enfile ta robe et écoute-moi. »

Et, comme elle se hâtait d'agrafer son corsage :

« A propos, et les pommes cuites de la rue de Seine ? — demanda-t-il.

— Eh bien, elles sont très bonnes, — répondit Sylvandire, — et j'en mange tous les jours, en revenant de la répétition. »

II

Depuis deux semaines, César Maugé venait tous les soirs à l'Odéon, et, caché dans l'ombre d'une baignoire, il étudiait le jeu de Sylvandire. Car, on n'en pouvait plus douter, c'était une « étoile » qui se levait; et il n'avait plus qu'à retirer sa pièce du Vaudeville.

Mais la comédienne n'était pas toujours en scène dans la *Petite Baronne*, et, pendant ses absences, l'auteur dramatique, n'écoutant plus cette prose, qu'il savait par cœur, s'amusait à observer, pour tuer le temps, non la salle, qu'il ne voyait pas du fond de sa loge, mais les musiciens du petit orchestre rétabli par le directeur en l'honneur de la pièce en vogue.

Quant au chef, Maugé le connaissait bien. C'était le vieux et savant symphoniste Tirmann, réduit par le besoin à courir le cachet et à tenir le bâton dans les petits théâtres; Tirmann, l'émule de Berlioz, qui aura la même destinée que Berlioz, et dont l'unique opéra, la *Reine des Amazones*, sifflé à Paris il y a une vingtaine d'années, deviendra un jour classique. César Maugé, homme à succès, n'aimant que le succès, murmura dédaigneusement le mot « raté », en apercevant au fauteuil le profil d'aigle déplumé du vieil homme de génie étriqué dans sa redingote de pauvre.

Les autres musiciens n'offraient pas des types bien remarquables, — pas plus le premier violon, avec sa cravate blanche en foulard et sa chevelure fougueuse de photographe, que la contre-basse, vieillard chauve et résigné, prisant avec bruit, ou que la flûte, gagiste de régiment, à dures moustaches de gendarme.

Un seul des exécutants intéressa l'observateur, dès le premier coup d'œil.

C'était l'alto, un tout jeune homme, — vingt ans à peine, — adorable visage d'éphèbe blond et rose, aux sombres yeux bleus, que ses longs cheveux ondulés et bouffants faisaient ressembler aux personnages des portraits de Bernardino Luini. Un véritable artiste, à coup sûr, et dont l'ardeur se trahissait rien que par la crispation de sa petite main maigre sur le manche de son instrument. Pauvrement, mais proprement vêtu, il se tenait assis avec modestie, son alto sur la cuisse, attendant le signal du chef, sans parler à ses camarades, sans regarder la salle, comme absorbé par une pensée intime et profonde, avec quelque chose dans toute sa personne de grave, de fier et de pur.

Si sceptique, si dur de cœur que fût ce pourri de Maugé, il fut frappé par cette fraîche et charmante apparition, d'autant plus qu'en observant le musicien au moment où Sylvandire venait d'entrer en scène, il remarqua que le regard du jeune homme s'attachait avidement sur la splendide créature, et s'emplissait d'une tendresse infinie. C'était évident. Cet enfant au teint de vierge aimait l'actrice d'une passion sans espoir.

Deux jours après, rencontrant Tirmann sur le boulevard Montmartre, Maugé interrogea le chef d'orchestre sur le compte du jeune musicien.

— « Amédée ? — s'écria le vieux maître avec enthousiasme. — Un charmant enfant! Mon meilleur élève!... Retenez ce nom-là: Amédée Marin... Ce sera celui d'un sincère, et, je l'espère bien, d'un grand artiste... Et honnête garçon, et fils excellent!... Sa mère est fruitière rue de Seine et gagne à peu près sa vie; mais, comme la bonne femme devient vieille et ne peut plus se lever de grand matin, c'est Amédée qui ouvre la boutique dès six heures et qui allume le fourneau aux pommes cuites, en hiver... Ce qui ne l'empêche pas de veiller des nuits entières devant son pupitre et de comprendre la sublime musique de Bach aussi bien que moi. »

César Maugé fut flatté de ne s'être point trompé. Vraiment, c'était « quelqu'un », ce joli gamin qui brûlait d'une flamme timide pour Sylvandire.

— « Est-ce bête, la jeunesse! — songeait le vieux sultan de coulisses au fond de sa baignoire, tout en regardant Amédée extasié devant son idole. — Dire que ce malheureux petit croque-notes s'imagine peut-être qu'une actrice est une femme et que Sylvandire est capable d'un sentiment!... Sylvandire, qui, à vingt ans, avait déjà ruiné un banquier juif et qui remettrait Jésus en croix pour voler un rôle à une camarade!... Hein! comme il la dévore des yeux... Mon Dieu! est-ce bête, ces jeunes gens, est-ce bête!... »

Soudain, une idée singulière et perverse fit éclosion dans l'esprit du dramaturge. Les femmes de théâtre n'étaient-elles pas toutes à sa discrétion, Sylvandire la première? S'il n'en usait pas, c'est qu'il avait dételé depuis longtemps. Eh bien, il s'amuserait à réaliser le rêve du musicien; il jetterait Amédée dans les bras de cette femme, que le jeune homme ne pouvait voir, admirer, désirer que de loin, au delà de la rampe, barrière infranchissable. Et ensuite on verrait ce qu'il adviendrait de la conjonction de cet innocent et doux être et de cette fille qui n'avait pas plus de sensibilité qu'un négrier.

Comment? C'était bien simple. César Maugé ne donnerait son rôle nouveau à Sylvandire qu'à cette condition-là. Il la connaissait, elle accepterait tout de suite. — Ce serait drôle, n'est-ce pas? Le contraire de don Salluste montrant la reine à Ruy Blas. Le fils de la fruitière chez qui Sylvandire allait manger des pommes cuites aurait, pour quelque temps du moins, la plus magnifique courtisane de Paris. Et Maugé souriait à son projet avec une espèce d'ignoble bonté.

C'est pourquoi, le soir où il était venu fumer un cigare dans la loge de Sylvandire, la comédienne laissa tomber son regard — le fameux « regard » du troisième acte — sur le petit musicien de l'orchestre, qui, épouvanté de bonheur, ferma les yeux et crut qu'il allait mourir.

III

La première fois que Maugé vit dans la loge de Sylvandire le petit Amédée, blotti dans un coin du canapé, parmi les jupons épars, et contemplant, avec des yeux égarés et comme fous de désirs, la nuque et les épaules mythologiques de la royale drôlesse assise à sa toilette et en train de « faire sa figure », le vieux dilettante en débauche eut un mouvement d'orgueilleuse satisfaction. Ce que c'est qu'un auteur à succès, pourtant! Lui seul était assez puissant pour donner une pareille aumône à un pauvre diable. Rothschild lui-même n'aurait pas pu en faire autant, Sylvandire étant une femme à fantaisies, point vénale de nature, cupide seulement par occasion. Et, tout en accompagnant l'actrice dans les coulisses, il la fit causer.

— « C'est tout de même une drôle d'idée que vous avez eue, — dit-elle, — de servir de dieu Mercure à ce gamin. Mais si vous avez cru m'imposer une corvée, — vous en êtes capable, vous êtes quelquefois si mauvais, — eh bien, c'est une erreur, mon cher... J'ai eu tout de suite un caprice, moi, pour cet enfant. Il faut être juste aussi ; il est arrivé à propos... Depuis quelque temps, Libanoff m'assommait avec son accent gras et sa façon de me dire : « *Ma tchière* »... J'avais besoin de quelques semaines de vacances. Je l'ai mis à la porte... Le petit fera l'interim. Il me plaît, avec sa tête de pifferaro... Et puis, il est étrange ; il a des fiertés soudaines, des jalousies, des colères contre moi qui me font plaisir, oui ! qui me chatouillent le cœur... Par moments, dans mon boudoir, il prend tout à coup des airs tristes et farouches qui me font songer à un rossignol en cage que j'ai vu autrefois, chez Colomba, à Asnières... Mais je n'ai qu'à le regarder d'une certaine façon pour qu'il tombe à mes pieds et qu'il se roule la tête sur mes genoux en pleurant; et ça me rend « tout chose »... Drôle de petit homme! »

Et elle ajouta, rêveuse :

« Si j'allais me toquer de lui, tout de même ? »

Sylvandire avait dit vrai. Maugé était mauvais, naturellement. A ces propos de femme amoureuse, il éprouva la rage envieuse de l'homme fatigué avant l'âge, éreinté, fini.

Mais la comédienne s'était mise à rire.

— « Bah! c'est un petit revenez-y de jeunesse... Dites donc, Maugé, c'est peut-être d'avoir mangé des pommes cuites ? »

D'ailleurs, deux jours après, il était bien question de toutes ces bêtises-là! La nouvelle comédie du célèbre auteur, *l'Argent-Roi*, venait d'être mise à l'étude, et il en dirigeait avec ardeur les répétitions, repris par sa soif inétanchable de succès et d'argent.

La pièce, on s'en souvient, tomba, ou à peu près. C'est d'elle que date la décadence de Maugé, et Sylvandire y fut médiocre, dans un rôle qui ne lui convenait pas. Énervé, furieux de voir les recettes du théâtre baisser au bout de huit jours, l'auteur dramatique, chez qui venaient de se réveiller de vieux rhumatismes, alla se réchauffer au soleil de Nice et y resta jusqu'à la fin de l'hiver.

A son retour à Paris, une des premières figures de connaissance qu'il rencontra fut Tirmann, dont la vue lui remit Amédée en mémoire. Il s'enquit du petit alto de l'Odéon.

— « Amédée! — dit le maestro, dont le maigre et dantesque visage se creusa douloureusement. — C'est bien triste, et nous ferions mieux de parler d'autre chose... Imaginez-vous qu'il y a quelques mois... tenez! quand on a joué votre dernière pièce... il est devenu fou d'amour de cette Sylvandire, vous savez? une coquine... Le malheur, c'est que, par extraordinaire, elle l'a remarqué, elle aussi, et qu'elle a eu une sorte de fantaisie pour lui... Cet enfant naïf, ce cœur d'artiste ingénu, livrés à cette fille! Une branche de lilas blanc tombée dans une cuvette, quoi!... Elle a d'abord quitté pour lui un certain Libanoff, puis, quand tous les écrins ont été au Mont-de-Piété, elle a repris son Russe, et le malheureux Amédée est devenu l'amant qu'on embrasse entre deux portes, qu'on cache dans les placards... Toutes les hontes!... Il a fini par prendre son courage à deux mains et par s'enfuir, mais souillé, désespéré, et il est allé se réfugier chez sa mère, la vieille fruitière de la rue de Seine, dont, par pudeur, ou, qui sait? par vanité, il n'avait jamais parlé à cette femme. Sans quoi, Sylvandire serait peut-être allée le relancer jusque-là. Ayant été quittée la première, elle était entrée en folie... Eh bien, il ne peut pas oublier cette créature, il en meurt, il ne fait plus de musique! L'autre jour, quand je suis allé le voir, dans sa mansarde, je l'ai trouvé couché, et il m'a fait peur, avec ses yeux caves et brûlants de fièvre... Sans la maman, m'a-t-il dit, il se serait tué... C'est atroce, n'est-ce pas?... Un musicien ne devrait jamais avoir d'autre maîtresse qu'une fugue de Bach ou qu'une partition de Gluck, ma parole d'honneur! »

Maugé eut un petit frisson, sentit quelque chose qui ressemblait à un remords. Mais l'égoïste reprit bien vite le dessus.

— « Est-ce qu'on meurt de ça? »

Il n'y pensa plus. Mais, l'hiver suivant, au Bal des Artistes, il se trouva brusquement devant Sylvandire, plus belle que jamais dans un costume rouge de dogaresse et aveuglante de diamants.

— « Eh bien, mon auteur, — lui cria l'effrontée, — on m'a donc lâchée tout à fait depuis *l'Argent-Roi*?... Ce n'est pas ma faute à moi toute seule, après tout, si nous avons eu un « four »... Faites-m'en un autre, de rôle, et nous prendrons notre revanche. »

L'auteur dramatique, vexé par ce fâcheux souvenir, ne répondit que par un aigre ricanement; puis, bêtement, pour dire quelque chose, il demanda à la comédienne :

« Et les amours ?

— N i ni, c'est fini. J'ai repris le collier de misère, — répondit la belle fille, en touchant les diamants qui étincelaient sur la peau ambrée de sa ferme poitrine de brune. — Voici le plus récent hommage de Libanoff... L'ancienne grisette est morte et enterrée, définitivement. Plus d'Ugène, plus d'Amédée, qui fut mon dernier Ugène!... Ah ! à propos de ça, Maugé, vous vous rappelez le jour où vous m'avez rencontrée devant cette fruitière de la rue de Seine ?... Eh bien, je suis passée par là, l'autre matin, en voiture. La boutique était fermée, il y avait un billet encadré de noir collé sur le volet, et j'ai vu s'éloigner le corbillard des pauvres, avec une vieille en deuil qui marchait derrière... Je suis superstitieuse, moi... Si jamais j'ai encore une envie de pommes cuites, ce n'est plus là que j'irai en manger... C'est dommage, elles étaient excellentes. »

Lettres d'Amour

Lettres d'Amour

DEPUIS ces dix dernières années, il n'y a certainement pas eu de plus vive surprise dans le monde des lettres que l'apparition du charmant volume de prose, tout simplement intitulé *Lettres d'Amour*, qu'a publié chez Alphonse Lemerre le poète Marius Cabannes, et qui est arrivé en peu de mois à sa soixantième édition.

Fils d'un cultivateur des environs de Bayonne, Marius Cabannes a débarqué, il y a sept ou huit ans, dans un petit hôtel garni de la rue Racine, avec quatre louis dans son gousset et un gros manuscrit de poèmes au fond de sa malle. Cet homme du Midi, ambitieux et pauvre, qui, pendant l'interminable voyage en « troisième », s'était nourri d'un pot de confit d'oie et d'un pain de quatre livres emportés de son pays natal, marchait, lui cent millième, à la conquête de Paris. Il comptait, pour réussir, un peu sur ses vers, écrits en l'honneur du Béarn et du pays Basque, et beaucoup sur sa soif de célébrité, sa souplesse gasconne, son talent de déclamateur et sa brune et jolie tête d'Arabe, à la barbe en fourche, aux yeux de chèvre amoureuse.

Tout de suite, ce gracieux et rusé compagnon prit pied dans le quartier Latin. Gagnant sa vie au moyen de quelques leçons, — son oncle, le curé, avait fait de lui un passable humaniste, — il triomphait tous les soirs dans un café du boulevard Saint-Michel, fréquenté par des compatriotes, où il récitait ses poèmes d'une belle voix de médium, avec le geste du Rouget de l'Isle des images et le regard inspiré des cabotins.

Les vers de Marius Cabannes étaient-ils bons ou mauvais? Nul n'aurait pu le dire. Ils sonnaient bien, étaient tortillés à l'avant-dernière mode parnassienne, et l'habile garçon n'ignorait aucun des secrets de la prosodie nouvelle, bousculant l'hémistiche tout comme un autre et rimant en prétérit. Les pièces étaient convenablement composées, les strophes harmonieuses. On y voyait défiler, en descriptions assez justes de dessin et de couleur, les scènes et les paysages de là-bas ; et c'était, chez tous les étudiants de Pau ou de Dax installés devant les pyramides de soucoupes, un rugissement de plaisir quand Marius, adossé au poêle de l'établissement, annonçait avant de les déclamer ses poèmes par leurs titres : *Aux Pyrénées. Les Joueurs de pelote. A Henri Quatre. Une Soirée à Biarritz. Au bord du Gave. L'Écarteur landais. La Lame de fond. A Saint-Jean-de-Luz*, etc.

Un public plus désintéressé se serait-il aperçu qu'il n'y avait là aucune sincérité, aucune palpitation, que tous ces morceaux — c'est le mot qui convient pour parler des vers de Cabannes — étaient à la glace, fabriqués de parti pris comme des vers latins ? Peut-être. Mais Marius, excellent diseur, était aussi très capable d'éblouir les critiques les plus sévères par sa voix chaude, que faisait trembler une émotion factice, et par son faux air d'homme de génie.

Ce simili-poète, qui avait en lui l'étoffe d'un diplomate, ne devait pas s'attarder, on le pense bien, à des succès de cénacle. Il joua des coudes, et vigoureusement, dans la cohue parisienne, fit d'utiles relations, s'accouda, pour déclamer ses vers, à toutes les cheminées littéraires, se surpassa dans ce genre à un dîner de la *Cigale* présidé par un ministre méridional, obtint, du coup, une place dans les bureaux de l'Instruction publique, séduisit enfin un éditeur et publia ses *Poèmes Béarnais*.

La redoutable épreuve de l'impression ne leur fut pas favorable, du moins aux yeux des véritables connaisseurs. Tout nus sur le papier blanc, dépouillés de la chaleur artificielle dont les échauffait la voix de baryton de Marius, ils apparurent tels qu'ils étaient en réalité, froids comme cadavres et creux comme radis. Malgré les nombreuses réclames obtenues par l'auteur, qui se multiplia et fit « donner » tous les journalistes nés au delà de la Loire, l'infortuné libraire, qui avait eu la témérité d'imprimer les *Poèmes Béarnais* à ses dépens, n'en vendit pas deux cents exemplaires sur mille.

Marius Cabannes souffrit beaucoup, sans doute,

de cet insuccès ; mais il eut l'adresse de s'en servir, de s'en faire même une parure. Il alla plus que jamais dans le monde, où il affectait la fière mélancolie du poète méconnu et où il accusait la société moderne d'une cruelle indifférence pour le grand art. Souriant avec amertume quand on lui demandait de dire quelques vers, il se faisait beaucoup prier, cédait toujours néanmoins, et grâce à son admirable organe et à son talent d'acteur, il animait un de ses froids poèmes, lui « faisait un sort », comme on dit dans l'argot des coulisses, et forçait les applaudissements. De cette façon, Marius finit par se constituer un groupe d'admirateurs, peu nombreux, mais enthousiastes, composé de ceux qui n'avaient pas lu ses vers et les lui avaient seulement entendu réciter.

Les femmes, séduites par son joli visage, à qui la tristesse allait bien, le plaignirent et s'intéressèrent à lui. Il élargit le cercle de ses connaissances, assista, silencieux et l'œil fatal, à beaucoup de dîners en ville, obtint de l'avancement à son ministère, fut aimé d'un bas-bleu qui avait de l'influence. L'Académie française, bonne et indulgente personne, accorda l'un de ses prix aux

Poèmes Béarnais, que le secrétaire perpétuel, dans son aimable discours, appela un « bel effort. » Bref, sans parvenir à la notoriété, Marius se créa tout doucement une petite réputation latente, et tira tout le parti possible de son piteux livre.

Il eut le grand tort, au bout de trois ans, d'en mettre au jour un second. Ses *Pyrénéennes* furent trouvées, par les gens de goût, encore plus vides et plus ennuyeuses que les *Poèmes Béarnais*. Peu ou point de réclames. Cette fois, les camarades de la presse firent la sourde oreille aux sollicitations de Marius. On commençait même, dans les salons littéraires, à se moquer un peu de celui qu'on appelait « le beau diseur », et les malveillants murmuraient déjà les mots fâcheux de « raté » et de « fruit sec », lorsque, brusquement, deux mois après l'échec radical de ses malencontreuses *Pyrénéennes*, Marius Cabannes publia ce pur et délicat chef-d'œuvre qui a nom : *Lettres d'Amour*.

L'étonnement fut immense. Il n'y avait pas à dire, mon bel ami, depuis la Religieuse Portugaise et Mlle de Lespinasse, on n'avait rien lu de plus sincère, de plus touchant, de plus passionné. Ce n'était pas l'insupportable roman par lettres. — Non ! trop éloquente Julie de Rousseau. Non !

Corinne à turban. — C'était bien plus simple que cela.

Une très pauvre sous-maîtresse, gagnant son pain dans une institution de jeunes demoiselles, n'avait qu'une demi-journée de liberté par semaine; cette demi-journée, elle la passait avec son amant, un étudiant-poète aussi pauvre qu'elle, vivant dans un taudis du quartier latin; et, follement amoureuse, pensant à lui sans cesse, elle lui écrivait, dans le silencieux ennui de la classe, devant les fillettes penchées sur leurs devoirs. La correspondance ne durait pas longtemps. Quelques mois à peine. Elle commençait le lendemain du jour où l'imprudente enfant avait donné son cœur et le reste, — quel sublime cri d'amour! quel hymne de joie! — et elle finissait par le douloureux et suprême appel de l'abandonnée qui va mourir de l'abandon. Quarante lettres, voilà tout. Mais quel livre! La vérité même, une tranche toute saignante de la vie. Et le style! Fougueux, emballé, incorrect, mais avec des trouvailles divines, des coups de génie féminin, et coulant sur la page, pur et chaud comme le sang d'une veine coupée.

Quel bruit dans le Landerneau littéraire! Marius

Cabannes fut illustre en quinze jours. A la bonne heure, disait-on à la brasserie où se réunissaient les jeunes naturalistes, voilà du « coudoyé », du « sous les yeux ». Exquis ! délicieux ! chantaient les femmes du monde, dans les thés de cinq heures. Le nouveau Planche de la « Revue » avait sans retard maçonné un article, ponctué de « que si » et de « tout de même que », dans lequel il plaçait le « livre récent » entre la *Princesse de Clèves* et *Manon Lescaut;* et, en descendant l'escalier de l'Institut au bras d'un confrère, Jean Borel, le vieux critique aveugle, qui s'était fait lire la veille les *Lettres d'Amour*, s'écriait : « Attention ! Voilà un écrivain ! » du ton dont il eût entonné le *Nunc dimittis*. Les « déliquescents » eux-mêmes, tout en regrettant, dans le livre frais éclos, l'absence complète de symbolisme, étaient légèrement troublés.

Seuls, quelques esprits chagrins se demandaient avec stupéfaction comment un poète aussi mécanique, aussi médiocre que Marius Cabannes, avait pu écrire ces pages de feu, où tout le cœur d'une femme était deviné. Quoi ! On était, la veille, un versificateur, un « livresque », un rhétoricien, on cuisinait des descriptions à la sauce moderne, à peu près comme un abbé Delille qui aurait lu Victor Hugo, et puis, — changement à vue ! — du jour au lendemain, parce qu'on avait lâché les vers pour la prose, on trouvait du premier coup l'originalité, l'émotion, la vie, les cris du cœur? Allons donc! Ce n'était pas possible. Il y avait quelque chose là-dessous.

Ce n'était pas possible, en effet, et voilà tout le mystère. Les *Lettres d'Amour* n'étaient pas de Marius Cabannes.

Peu de jours après son arrivée à Paris, un dimanche, par une de ces claires matinées du milieu de l'automne où l'on se meut à l'aise dans une atmosphère très douce, Marius se promenait dans le jardin du Luxembourg. Malgré la beauté du jour et de l'heure, il était triste. Des quelques personnes à qui il était recommandé et chez qui il avait déposé ses lettres d'introduction, aucune ne lui avait encore donné signe de vie, et des quatre-vingts francs, son unique capital, qu'il possédait en débarquant, il ne lui restait plus que trois pièces de cent sous. Voulant épargner ses dernières cartouches, il avait déjeuné sur le pouce, tout en flânant le long des terrasses, d'un bout de saucisson et d'un morceau de pain, et, comme il lui restait une boule de mie, il était venu jusqu'au bord du bassin et il émiettait le reste de son pain aux cygnes.

Il avait alors remarqué, à quelques pas de lui, une jeune fille vêtue plus que modestement, l'air oisif, un doigt dans un livre, qui regardait comme lui l'eau dormante. Elle était petite, bien faite, avait un visage à la Greuze et de grands yeux pleins de lumière. Du premier regard, on reconnaissait en elle une nature affinée, délicate, et elle avait l'air si « comme il faut », malgré sa « confection » à bon marché et son pauvre chapeau de paille brune sans un ruban!

Pourquoi Marius et cette jeune fille, en dépit de toutes les convenances, se rapprochèrent-ils peu à peu? Comment eurent-ils en même temps un sourire? Comment se parlèrent-ils enfin de ce qu'ils avaient sous les yeux, des cygnes gourmands, de la pure splendeur du ciel? Sans doute parce qu'ils étaient malheureux et seuls au monde. Il leur sembla qu'ils s'étaient toujours connus. Ils s'éloignèrent du bassin, marchant côte à côte et causant comme d'anciens amis; ils remontèrent sur la terrasse, cherchèrent d'instinct un banc à l'écart sous les arbres, s'y assirent, échangèrent des confidences.

Elle s'appelait Anna, elle était orpheline, et, durement traitée par des parents avares dans la petite ville de Champagne où elle était née, elle avait demandé son pain à son brevet d'institutrice, et après avoir erré de pensionnat en pensionnat, elle était maintenant sous-maîtresse dans une assez bonne maison, boulevard Montparnasse, où elle gagnait cinquante francs par mois, avec la nourriture et le logement. Elle n'était libre que le dimanche, dans l'après-midi, et ne connaissant personne à Paris, elle visitait les musées, les jours de mauvais temps, ou se promenait dans les jardins publics quand il faisait beau, et elle emportait toujours, l'enfant solitaire qu'elle était, un livre qui lui tenait compagnie.

Marius prit celui qu'elle avait à la main et lut le titre. C'était le *Myosotis* d'Hégésippe Moreau.

Il lui dit alors qu'il était poète, lui aussi, et combien il se sentait perdu dans la grande ville. Elle le plaignit avec de caressantes paroles et voulut connaître quelques-uns de ses vers. Marius, de sa voix profonde qui était encore plus belle quand il la contenait, lui récita les seules strophes sincèrement émues qu'il ait trouvées dans sa vie.

Il les avait écrites, la veille au soir, à la lueur de sa bougie d'hôtel, dans sa chambre froide et nue, et c'était un sanglot de douleur dont Anna admira l'éloquence sans en sentir l'égoïsme. Quand Marius eut fini, elle avait les yeux pleins de larmes.

Ils ne songeaient plus à se séparer. Ils restèrent ensemble ainsi, s'asseyant sur les bancs ou suivant les longues allées, jusqu'à la tombée du jour, quand le vent du soir fit frémir sur le sol et chassa devant leurs pas les premières feuilles mortes. Anna devait rentrer à six heures à son pensionnat, mais on ne se quitta pas sans s'être promis de se revoir le dimanche suivant.

Tous deux furent exacts au rendez-vous; et ce fut encore une belle journée, déjà plus froide, qu'ils passèrent dans le jardin, plus dépouillé, jusqu'à la nuit, qui vint plus vite. Leur causerie était souvent coupée de longs silences pendant lesquels ils faisaient ensemble le même rêve. Timides, ils n'avaient pas encore parlé d'amour, mais la pauvre fille aimait déjà, et Marius, hélas! croyait aimer.

Le dimanche d'après, l'hiver était venu tout à fait et une pluie fine et glaciale lavait les squelettes noirs des grands arbres. Ce jour-là, il la décida à venir chez lui, dans cette chambre meublée de la rue Racine où il ne rentrait jamais, le soir, sans avoir envie de pleurer, tant elle était lugubre, avec son carrelage mal caché par un vieux tapis, son sale fauteuil de velours jaunâtre, son papier à fleurs déchiré par places, et tant il était dégoûté de voir, accrochée au mur en face du pied de son lit, une horrible gravure à la manière noire, qui représentait le *Naufrage de la Méduse*.

Elle leur devint bientôt un paradis, la hideuse chambre, car ce fut là qu'ils s'aimèrent. Tous les dimanches matins, Marius y mettait le luxe et la joie du pauvre en allumant un grand feu, et bientôt après, Anna y apportait le parfum de sa jeunesse épanouie et du petit bouquet de violettes, piqué à son corsage. Elle s'était donnée absolument sans se marchander, la pauvre enfant sans famille, sans protections, sans amis, qui se croyait privilégiée entre toutes les femmes puisqu'elle était aimée d'un poète; elle s'était donnée corps et âme, à jamais, et comme elle ne pouvait passer que quelques heures par semaine avec son amant, elle voulut du moins être toute à lui en pensée le plus souvent possible, et elle commença à lui écrire chaque jour, tout en surveillant l'étude des pensionnaires, ces tendres, ces naïves, ces adorables lettres, embaumées par les fleurs de son sentiment, et qu'il comparait, le littérateur, — quand il les lisait, le matin, un coude dans l'oreiller, en fumant sa première cigarette, — au flot de roses s'échappant du tablier brusquement ouvert d'Élisabeth de Hongrie.

Marius fut d'abord bien aise, sans doute, d'avoir cette jolie maîtresse, point gênante, « hebdomadaire », comme il la qualifia un jour en racontant son aventure à un camarade. Il prit même quelquefois plaisir à lire ces pages brûlantes où flambait à chaque ligne un vrai mot d'amoureuse. Celui-ci, par exemple : « Quand je me dis intérieurement ton nom, il me semble que ma pensée sourit. » Mais, au fond, le froid méridional n'aimait point Anna. Bientôt, ces longues épîtres, auxquelles il ne prenait pourtant même pas la peine de répondre, l'importunèrent, et il les jeta, sans les ouvrir, au fond d'un tiroir. Puis Anna elle-même l'ennuya. Il avait été présenté à une comédienne de l'Odéon, qui semblait avoir un caprice pour ses yeux languissants et sa barbe fourchue ; il rêvait déjà de lui écrire un rôle, d'arriver au théâtre par son entremise. Marius prit donc le parti de rompre avec Anna. Il le fit avec une indigne brutalité, dans une scène où il laissa éclater tout son cynisme et toute sa dureté de fils de paysan ; et la pauvre enfant s'en alla la tête basse, les membres cassés, frappée au cœur, tuée.

Il n'entendit plus parler d'elle, ne s'en inquiéta nullement, absorbé qu'il était par le rude combat de la vie, par ses efforts d'intrigant et de faux poète. Enfin, six mois après, il reçut une lettre d'Anna, la dernière, datée de l'hôpital Cochin, où la malheureuse fille se mourait de chagrin et de consomption ; lettre admirable, débordante de miséricorde et de générosité, où la martyre pardonnait à son bourreau, où toutes les blessures qu'il lui avait faites devenaient des bouches pour crier encore : « Je t'aime ! »

Le sec et méchant cœur de Marius fut un peu remué, malgré tout. Le poète fut assez heureux pour arriver à temps à l'hôpital et recueillir son pardon sur la bouche expirante de sa maîtresse, et empêcher que ce corps charmant n'échouât sur la table d'amphithéâtre. Il mit même sa montre en gage et loua pour la morte un terrain de cinq ans au Champ des Navets.

Seulement, — oh ! par hasard, — il avait gardé les lettres.

Et, plusieurs années plus tard, quand l'insuccès de ses *Pyrénéennes* fut bien constaté, même pour lui, un soir d'hiver qu'il se chauffait mélancoliquement les tibias, il se les rappela, ces lettres; il les retrouva parmi ses paperasses, les relut, en comprit la touchante beauté...

Et il les a copiées de sa main, publiées comme de lui, et le voilà presque passé grand homme !

C'est ainsi. Le misérable a vendu la dépouille de sa victime. Plagiat compliqué de meurtre et de vol. C'est la pire des infamies ! Mais, qui sait ? Si les morts s'occupent des vivants, Anna pardonne encore à Marius ; car elle l'aime pour l'éternité, et elle est heureuse de lui être encore bonne à quelque chose... Il se dit cela pour s'excuser, et il ne se trompe peut-être pas. Les cœurs aimants doivent conserver jusque dans l'autre vie leurs incroyables faiblesses.

D'ailleurs, les remords tourmentent-ils Marius ? Bah ! n'a-t-il pas assez de vanité pour se convaincre qu'inspirer un livre ou l'écrire, cela revient au même ?

Quoi qu'il en soit, Marius Cabannes a vitement profité de son triomphe. Il est devenu l'époux d'une riche héritière à qui les *Lettres d'Amour* avaient tourné la tête, et il donne aujourd'hui d'excellents dîners. Aussi, son ambition n'a-t-elle plus de limites. On assure même que, l'autre nuit, quelqu'un l'a reconnu, debout dans le clair de lune, au milieu du Pont des Arts, devant l'Institut, et que, montrant le poing à la célèbre coupole, Marius murmurait entre ses dents le fameux défi de Rastignac :

« A nous deux, maintenant ! »

Mariages manqués

Mariages manqués

I

PAR une de ces soirées tristes et vides comme il y en a trop dans l'existence des vieux garçons, nous nous acoquinions au coin de mon feu, mon ami le commandant Dulac et moi. Assis dans le grand fauteuil, Dulac assujétissait de temps en temps son monocle et ne quittait pas du regard la fournaise de charbon de terre, comme s'il eût aperçu quelque chose de très intéressant au fond de ses grottes ardentes;

moi, j'étais sur la chaise basse, à l'autre angle de la cheminée, et je parcourais distraitement le journal du soir, que mon domestique venait d'apporter.

Dulac est mon plus vieil ami. A Louis-le-Grand, où nous étions ensemble en sixième, lui « potache », moi externe libre, je lui achetais chez l'herboriste des feuilles de mûrier pour les vers à soie qu'il élevait dans son pupitre. Du temps qu'il était lieutenant d'artillerie, je lui ai évité le désagrément de se brûler la cervelle, en lui prêtant quelques billets de mille francs pour payer une dette de jeu dans les délais.

A l'époque où je dévorais l'héritage de mon oncle avec Blanche Cluny, l'ingénue du Vaudeville, Dulac, le brave garçon, dont Blanche était devenue amoureuse folle et qu'elle poursuivait de ses obsessions, a poussé le scrupule jusqu'à permuter avec un de ses camarades de la division d'Oran, pour résister à la tentation de tromper un ami. Ces choses-là ne s'oublient pas. Aussi nous aimons-nous beaucoup, bien que, depuis l'âge de vingt-cinq ans, nous ayons été presque toujours séparés, lui vivant dans de lointaines garnisons ou faisant campagne, moi étudiant dans diverses capitales, en qualité d'attaché, puis de secrétaire d'ambassade, le néant diplomatique.

Quand j'ai pu enfin revenir définitivement à Paris et m'enterrer dans les bureaux des Affaires étrangères, j'ai retrouvé Dulac, — dont l'avancement n'avait pas été plus brillant que le mien, chef d'escadron dans un régiment d'artillerie caserné à l'École militaire. Depuis lors, nous nous sommes beaucoup vus. Nous avons le même âge : quarante-trois ans. La jolie moustache noire de Dulac est grise aujourd'hui, et la première apparition d'un rhumatisme goutteux l'a obligé, l'été dernier, à faire une saison à Contrexeville ; il se congestionne un peu et vieillit en rouge. Moi, je vieillis en jaune. Elle n'existe plus, cette pâleur romantique qui — je peux le dire à présent sans fatuité — a causé jadis quelques ravages à Lisbonne et à Vienne. De plus, j'ai l'estomac un peu fatigué par la cuisine internationale. Nous ne sommes plus jeunes ni l'un ni l'autre, il n'y a pas à dire mon cœur. C'est le moment où une amitié de derrière les fagots comme la nôtre devient rare et précieuse. Une ou deux fois par semaine, Dulac vient dîner en tête-à-tête avec moi, dans mon petit entresol de la rue de Mailly. Oh ! un dîner bien sage, où l'on se régale d'un joli poulet de grain rôti au bois et d'une délicate bouteille de vrai vin de Bordeaux, que la cuisinière a soin de faire tiédir sur le poêle de la salle à manger, une demi-heure avant de servir le potage. Enfin, après le café, — oh! pas de cognac, plus jamais de cognac, hélas! — nous tisonnons les souvenirs de jeunesse.

Henri me rappelle alors nos timides amours de rhétoriciens pour cette jolie pâtissière de la rue Soufflot, et les indigestions d'éclairs et de babas que nous nous donnions afin de la contempler pendant un quart d'heure. Moi, je lui remets en mémoire notre fameuse partie carrée à la foire de Saint-Cloud. Nous étions allés là, lui en uniforme de polytechnicien, moi tout fier de mon premier chapeau gris d'étudiant qui suit la mode, et nous accompagnions deux folâtres modistes en robes d'été, des robes voyantes comme des affiches. Tout marcha d'abord à merveille. Une cartomancienne fit le grand jeu à ces demoiselles et leur annonça qu'un brun — c'était Dulac — et qu'un blond — c'était moi-même — étaient remplis des intentions les plus sérieuses à leur endroit. Au tir à la carabine, les deux jeunes personnes décapitèrent un grand nombre de pipes, et la grande Mathilde, celle qui m'intéressait plus particulièrement, eut même la bonne fortune de pulvériser la coquille d'œuf dansant au sommet du jet d'eau. Mais tout se gâta quand nous fûmes sur les chevaux de bois. Car nous y montâmes, nous eûmes l'imprudence d'y monter, côte à côte avec les modistes en robes éclatantes, et à peine le cirque mécanique se fut-il ébranlé au son de l'orgue, — qui rugissait l'air alors célèbre de la *Femme à barbe*, — ô confusion! j'aperçus à deux pas de moi, au premier rang des badauds, mon correspondant à Paris, le vieil ami de ma famille, le respectable M. Toupet-Laprune, notaire honoraire, dont le regard me foudroyait à travers ses lunettes d'or. Et aucun moyen de se dérober, de fuir! Et les chevaux de bois tournaient toujours!... Il y a de cela vingt-trois ans; mais je n'entends jamais l'air de la *Femme à barbe* sans un frisson de terreur rétrospective.

Quand nous sommes au coin du feu, le commandant et moi, nous nous remémorons ordinairement toutes ces juvéniles folies; mais, l'autre soir, — je ne sais quel vent de spleen avait soufflé sous la porte, — nous étions moroses et silencieux. Dulac s'obstinait à regarder le feu à travers son monocle, et moi, plein d'ennui, je broutais la prose de la feuille du soir, allant du premier-Paris — où l'Angleterre était menacée, si elle n'écoutait pas les conseils du journaliste, de perdre son empire des Indes — jusqu'aux réclames de la troisième page, qui préconisaient, tout pêle-mêle, un cirage, un château à vendre, un roman à clef plein d'allusions transparentes, une pommade pour développer les appas du beau sexe, et une agence héraldique tenant comptoir ouvert de blasons et de généalogies.

Tout à coup, mon regard tomba sur les nouvelles parlementaires, et je m'écriai brusquement :

« Ah ! ah ! cher ami, voici une nouvelle qui nous intéresse. »

Dulac m'interrogea du regard, et je lui lus les lignes suivantes :

« La difficulté où se trouve la Chambre d'équilibrer nos finances va remettre à l'ordre du jour l'impôt sur les célibataires. On nous assure que M. Écorchebœuf, le sympathique député de la gauche radicale, a l'intention de soulever de nouveau cette question dans la prochaine séance de la Commission du budget. »

Le commandant haussa les épaules.

— « Quelle sottise ! — murmura-t-il entre ses dents. — Comme si, pour se marier, il suffisait toujours d'en avoir envie.

— Comment ? — fis-je, étonné. — Je te croyais un célibataire endurci, imperméable. Tu as donc eu envie de te marier ?

— Oui, j'ai pensé une fois au mariage. Et toi-même ?

— Eh bien, moi aussi !... Une fois.

— Et ça n'a pas réussi ?

— Ça n'a pas réussi.

— Alors, nos deux projets se font pendant comme deux lions de faïence à la porte d'une maison de campagne... Mais comment diable ne nous sommes-nous jamais fait cette confidence, nous qui n'avons rien de secret l'un pour l'autre ?

— C'est vrai, mon commandant... Et puisque la conversation languit ce soir et que notre baromètre moral est à grande mélancolie, échangeons nos romans conjugaux, veux-tu ?... Mais le mien n'est pas gai, je t'en préviens.

— Le mien non plus, et tu vas en juger, — dit le commandant. — Laisse-moi allumer un cigare, et je commence :

II

« Tu sais que j'ai toujours été sentimental, romanesque même. A l'Ecole polytechnique, je négligeais l'X pour toutes sortes de rêveries, et, sans le temps que j'ai perdu à grossir un recueil de mauvais sonnets, brûlés depuis lors, bien entendu, je serais sorti dans le corps des Mines ou dans les Ponts et Chaussées et je ne porterais pas aujourd'hui le pantalon à double bande rouge. L'état militaire, nonobstant le vieux mythe de Mars et de Vénus, n'est point favorable aux amours. La majeure partie de ma belle jeunesse s'est écoulée dans des villes de garnison, dans l'austère province. Ayant quelque délicatesse, j'ai été promptement dégoûté de ces personnes qui laissent traîner sur leur guéridon un album plein de photographies d'officiers et qui pourraient faire sécher une fleur de souvenir à bien des pages de l'annuaire.

« Sauf une Parisienne en exil, femme d'un fonctionnaire, — c'était d'ailleurs une froide coquette qui m'a fait souffrir tant qu'elle a pu, — je n'ai pas eu d'aventures d'amour intéressantes, et à vingt-cinq ans, j'attendais encore sans la voir venir, je cherchais toujours sans la trouver, la femme qu'on rêve, la femme qui nous est mystérieusement destinée, celle qui... celle que... Enfin, tu me comprends. La guerre éclata. Après la campagne sous Metz, je fus interné en Poméranie et, bientôt après, condamné par une cour martiale à six mois de forteresse, pour avoir houspillé un capitaine allemand qui s'était permis de lever la main sur un soldat de ma batterie, prisonnier comme moi. Je ne pus revenir en France, assez mal en point, que dans les derniers jours du mois de juin 71, après la défaite des communards, et je me décidai à passer mon congé de convalescence à Saint-Germain, pour prendre, selon la recommandation des médecins, des bains de soleil et de grand air sur la Terrasse.

« Les quelques familles parisiennes qui se reposaient là des fatigues et des privations du siège voulurent bien remarquer le jeune capitaine qui avait l'air si las et qui se promenait en s'appuyant si fort sur sa canne. On apprit l'anecdote de ma captivité; on sut que je n'avais évité le peloton d'exécution qu'à cause de mon grade de capitaine, égal à celui du « hauptmann » corrigé par moi; on raconta — ce qui était vrai — qu'à peine sorti de prison, malade et tremblant la fièvre, j'étais allé rejoindre mon homme à Magdebourg, où était son régiment, que je lui avais demandé, devant tous ses camarades, en plein « bier-haus », une réparation par les armes, et de manière, je t'assure, à ce qu'il ne pût pas me la refuser, et qu'enfin je l'avais tué fort proprement d'un joli coup d'épée dans le poumon droit. Tout cela me rendait assez intéressant. On rechercha ma connaissance, et bientôt je fus en relations avec toute la petite colonie en villégiature à Saint-Germain.

« Un riche industriel, M. Daveluy, homme d'une soixantaine d'années, que tout le monde croyait veuf et qui habitait une villa voisine avec sa fille unique, Mlle Simonne, fut particulièrement gracieux pour moi. Il aimait beaucoup à recevoir, surtout à dîner, ayant une cave dont il était justement fier, et il accueillait ses hôtes avec la rondeur un peu commune, mais point choquante, du parvenu resté bon enfant. Il m'invita trois ou quatre fois, à de courts intervalles, et je me sentis tout de suite à l'aise, comme un vieil ami, dans ce milieu un peu bruyant, mais cordial et hospitalier. M. Daveluy était, en vérité, un excellent homme, et, dès la première rencontre, une sympathie était née en moi pour sa fille, qui, âgée de dix-sept ans à peine, faisait déjà avec tant de tact et de bonne grâce les honneurs du logis. Charmante sans être positivement belle, Mlle Simonne, qui ressemblait à son père, était une grande et souple personne au teint sans fraîcheur, mais d'une pâleur mate et brune qui s'harmonisait avec la masse profonde des cheveux noirs. Rien n'était plus bienveillant que le sourire de sa bouche trop grande, et quand elle vous regardait en face, la loyauté et la douceur de son âme brillaient dans ses calmes regards. Je me plaisais dans la compagnie de cette brave jeune fille, si naturelle, sans pose aucune, aimant sincèrement, comme elle le disait, la nature et la vie à la campagne. J'avais du goût pour ses façons un peu libres d'enfant élevée par un homme, et j'éprouvais auprès d'elle la sensation de confiance et de satisfaction intime qu'on a auprès d'un bon camarade. Seulement, le camarade avait de très beaux yeux et une chevelure à n'en savoir que faire, ce qui ne gâtait rien, n'est-ce pas?

« Cependant il n'y avait pas trace d'amour, comme tu le vois, dans mon sentiment pour Mlle Daveluy; aussi fus-je profondément surpris le jour où une vieille dame, une amie de la famille, — marieuse comme la plupart des vieilles dames, — me donna discrètement mais clairement à entendre que je plaisais à Mlle Simonne et qu'il ne dépendait que de moi de l'épouser. On ajoutait que je devais réfléchir et qu'il s'agissait là d'une occasion de fortune inespérée. Capitaine à vingt-huit ans, avec une croix d'honneur bien gagnée et quelques débris de patrimoine, j'étais sans doute un parti présentable; mais Mlle Daveluy aurait, le jour du contrat, une dot de cinq cent mille francs, payés comptant, et elle devait hériter, à la mort de son père, de plus de quatre millons irréprochablement acquis par M. Daveluy dans l'industrie des charpentes en fer, du temps des grandes bâtisses, sous l'Empire.

« Je ne t'étonnerai pas, bien sûr, en te disant que, ce soir-là, quand je fus seul dans ma chambre du pavillon Henri IV, je me sentis extrêmement tenté de saisir le magnifique cadeau que m'offrait la destinée : une femme charmante et une grande fortune. Pourtant j'hésitais... oui, j'ai hésité pendant plusieurs jours devant ce mariage qui n'avait rien de romanesque et qui me rappelait le dénouement de toutes les comédies de M. Scribe. — Parlons sérieusement. Ce n'était pas là l'idéal de toute ma jeunesse, l'amour vraiment partagé, l'union absolue de deux âmes. Dans mon cœur, que j'interrogeais en honnête garçon que je suis, je ne trouvais pour Mlle Simonne que sympathie et bonne amitié. Mais, après tout, n'était-ce pas le bonheur de ma vie qui se présentait et que j'allais laisser échapper? Mes rêves d'autrefois étaient probablement absurdes. Est-ce que cela existe, la femme prédestinée? Quelle bêtise de se laisser vieillir en attendant le coup de foudre!

« Et puis, pour moi, comme pour tous les soldats, l'avenir n'était pas drôle. On ne ferait plus la guerre de longtemps, c'était bien sûr; la pauvre France avait reçu un trop mauvais coup. Elle allait recommencer, l'insipide existence de garnison ; je les retrouverais, aussi monotones qu'avant, le « mess » d'officiers, avec ses sauces de gargotte, le café aux patères coiffées de képis, et la musique militaire, sur le mail, jouant des nouveautés comme l'ouverture de Zampa, la musique autour de laquelle on promène en rond son ennui, dix fois, quinze fois, vingt fois, jusqu'à l'étourdissement. Un intérieur, avec une aimable femme et de jolis enfants, ce serait bien bon. Je n'étais pas amoureux fou de M{{lle}} Simonne, soit. Mais serais-je le premier qui ferait un mariage de raison? Ces unions-là sont heureuses, presque toujours. On croit d'abord n'avoir pour sa femme qu'une solide affection, qu'une profonde estime, et puis, un beau soir qu'on est avec elle auprès du berceau du premier bébé, on s'aperçoit qu'on l'adore... Bref, la vieille dame, la marieuse, ayant renouvelé ses avances, je pris le grand parti et la priai de demander pour moi la main de M{{lle}} Simonne.

« Le lendemain du jour où cette demande fut faite, M. Daveluy m'invita, par un court billet, à venir causer avec lui. J'accourus. Il me tendit silencieusement les deux mains, et, m'entraînant dans une allée écartée de son parc, il me dit avec sa bonhomie accoutumée:

« — Mon cher capitaine, vous me plaisez et vous plaisez à ma fille. Vous deviendrez donc mon gendre, je l'espère, et je crois que nous nous entendrons à merveille. Mais avant tout, avant même de parler de votre demande à Simonne, je vous dois une confidence... Je ne suis pas veuf. Je suis séparé de ma femme depuis quinze ans, séparé sans l'intervention de la justice ; mais vous devinerez que les torts de Mme Daveluy ont dû être bien graves, quand je vous aurai dit qu'elle m'a entièrement abandonné l'éducation de notre enfant. Moi-même, j'ai commis une grande faute, celle d'épouser, à plus de quarante ans, une très jeune fille, d'origine aristocratique, que ma nature un peu rude, un peu commune, — oui, commune, je me connais bien, — devait froisser dans toutes ses habitudes, dans tous ses instincts... Enfin, le mal est fait... Mme Daveluy, qui doit avoir maintenant... voyons... trente-six ans à peine, habite Lyon, son pays, presque toute l'année, mais elle entretient avec Simonne une correspondance suivie, et, pendant les deux mois de printemps qu'elle passe à Paris, elle voit sa fille tous les deux ou trois jours. Elle l'aime beaucoup, je le sais, et quels que soient les reproches que je puisse avoir à lui adresser, ce n'est point une méchante femme. Enfin, je ne marierai pas Simonne sans que sa mère y consente, et en connaissance de cause... Prenez quelques jours de réflexion. Voyez si l'aveu que vous venez d'entendre ne modifie en rien vos projets, si vous persistez à vouloir entrer dans ma famille. Dans ce cas, j'écrirai... je prendrai sur moi d'écrire à Mme Daveluy; elle viendra à Paris, vous irez la voir, et, si vous lui convenez, comme j'en suis certain, ce mariage sera une chose faite. »

« Je fus touché de la délicatesse de ce brave homme, qui me donnait ainsi le temps, non seulement de réfléchir, mais de prendre des informations, et j'écrivis sans retard à Lyon, où j'ai de sûrs amis.

« J'appris par eux que, depuis dix ans, Mme Daveluy vivait dans la retraite la plus absolue, quoiqu'elle fût encore fort belle, et qu'elle avait fait oublier, par une conduite irréprochable, l'unique mais éclatant scandale de sa jeunesse. Mariée à seize ans à M. Daveluy par les soins d'une mère cupide, et après dix-huit mois d'un exécrable ménage, elle s'était fait enlever publiquement par un jeune compositeur de musique, avec qui elle avait vécu à Florence, où il était mort de la poitrine, cinq ans après. Elle était alors revenue s'établir à Lyon, auprès d'une vieille tante, et les plus mauvaises langues de la ville avaient fini par se taire sur son compte, tant sa vie nouvelle était inattaquable.

« Il eût été injuste de ma part, tu en conviendras, de faire peser sur une innocente enfant les conséquences d'un malheur de famille très ancien, très oublié. Après avoir reçu ces renseignements, je déclarai donc à M. Daveluy que j'étais toujours dans les mêmes résolutions, et peu de jours après, il me prévint que sa femme attendait ma visite à Paris, dans une maison de retraite du faubourg Saint-Germain, tenue par des religieuses, où elle venait d'arriver et où elle avait pris pension.

« Je vins à Paris, pour faire cette visite, par une de ces merveilleuses après-midi de fin de Septembre où le calme de l'atmosphère, la pureté du ciel, la sérénité de la lumière, donnent à toute la nature quelque chose de solennel. J'allai à pied de la gare Saint-Lazare à la rue Monsieur, où demeurait Mme Daveluy, et, en traversant le pont de la Concorde, un des plus beaux sites de Paris, je fus enivré par la grandeur du spectacle et je ne pus retenir un cri d'admiration. La chaude et douce splendeur de la journée dorait les édifices, enflammait les arbres déjà rougis des Tuileries et des Champs-Élysées, et les rapides bateaux qui agitaient les flots verts de la Seine roulaient des diamants dans leur sillage. Par une bizarrerie qu'un impressionnable comme toi comprendra peut-être, je ne pensai presque pas, pendant toute cette promenade, à mes projets de mariage, à la démarche importante que j'allais faire, et je m'abandonnai à la sensation de bien-être qui m'épanouissait le cœur.

« Les religieuses chez qui logeait Mme Daveluy, étaient établies dans un ancien hôtel du XVIIe siècle, d'assez imposante et sévère tournure. La sœur tourière, après un regard jeté sur ma carte, me dit que j'étais attendu, et, me précédant à travers les vastes corridors du rez-de-chaussée, attristés par un badigeon jaunâtre, elle m'introduisit dans le salon de réception. C'était une pièce froide et nue, qu'enlaidissait un banal meuble de velours vert, et qui avait pour tout ornement un grand Christ de bois grossièrement sculpté, remplaçant la glace de la cheminée. J'eus un léger frisson, je me rappelai que celle que je venais voir était une repentie, je songeai à sa vie de solitude et d'expiation, et, comme j'éprouvais encore un reste de l'ivresse que m'avait versée la beauté du jour, je comparai mon sort à celui de cette pauvre femme et je me sentis le cœur plein de pitié pour elle.

« En ce moment, la porte s'ouvrit, et Mme Daveluy, vêtue d'une robe sombre, entra dans le salon et vint à moi...

« Ah! mon ami, traite-moi d'insensé, si tu veux, mais l'amour foudroyant existe. La femme que, toute ma vie, j'avais rêvée, cherchée, attendue, c'était elle ! Je ne te la décrirai pas ; on ne décrit pas un enchantement, un charme. Je ne te décrirai pas ce corps de Diane qui se trahissait sous l'étoffe noire, et cette tête pâle, d'un modelé exquis, éclairée par des yeux magiques. Imagine le type de femme cher à Léonard de Vinci, mais plus tendre, laissant deviner de la bonté au fond de son mystère ; imagine la Joconde qui aurait pleuré ! Son âge ? Nul n'aurait pu lui donner un âge. Elle avait l'âge de la beauté victorieuse, que les larmes n'ont pu altérer et que la douleur a rendue plus touchante. C'est à peine croyable, mais au premier regard dont elle m'enveloppa, j'oubliai tout : qui elle était, où nous étions, et sa fille dont j'avais demandé la main, et le but de ma visite; et, après l'avoir saluée machinalement, je restai silencieux devant elle, envahi par une émotion profonde, tout à la sensation présente, comme on est en rêve.

« Elle s'assit avec une grâce royale, et, m'invitant à en faire autant, elle prononça quelques mots de politesse. Sa voix me passa sur les nerfs comme une musique délicieuse.

« Alors elle commença à me parler de Simonne, et il me sembla que mon beau songe se transformait tout à coup en un cauchemar absurde et affreux. Cette femme me parlait, comme d'une chose conclue, de mon mariage avec sa fille; elle me remerciait de ma démarche, tout en ajoutant qu'elle n'avait que peu de droits sur Simonne et qu'elle s'en rapportait à la sagesse de M. Daveluy. Elle faisait allusion à son passé avec un tact parfait, exprimait tendrement ses sentiments maternels... Et moi, comprenant à peine, moi, fasciné par son regard, enchanté par le son de sa voix, j'aurais voulu tomber à ses genoux, couvrir ses mains de baisers et la supplier de disposer de ma vie !

« Elle me parlait les yeux baissés, songeant sans doute que je devais connaître la faute dont elle avait honte, et une légère, une fugitive rougeur anima un instant son teint pâle, ainsi qu'un rayon de soleil sur un glacier. Et moi, pendant ce temps, — je suis un fou, soit! mais c'est la vérité, — j'imaginais, dans un éclair de pensée, toute l'existence de cette femme. Oui! j'imaginais son union douloureuse avec un homme trop vieux et vulgaire, ses souffrances de fleur écrasée entre les pages d'un grand-livre, je comprenais, j'approuvais son coup de folie pour un artiste, sa fuite à Florence avec ce musicien qui était mort là-bas en l'aimant, qui était mort — j'en étais sûr — pour l'avoir trop aimée. Que dis-je ? J'enviais le sort de cet inconnu! Que n'avais-je eu ses ivresses et sa mort délicieuse ? Et j'évoquais la ville d'art, l'harmonieuse cité toscane ; je m'y rêvais, cachant mon bonheur avec cette maîtresse adorable dans un des mélancoliques logis du *Lung-Arno*, ne sortant que le soir, son bras pressé contre mon cœur, par les ruelles tournantes, dans l'ombre des vieux palais, et revenant très tard au nid d'amour, à travers la solitude nocturne de la place de la Seigneurie, au murmure des fontaines et sous la bénédiction des étoiles!

« Mᵐᵉ Daveluy, étonnée de mon silence, leva

enfin les yeux sur moi et me regarda avec surprise. Elle remarqua certainement mon trouble extrême, et sans doute son instinct féminin lui en révéla le motif, car sa rougeur augmenta et elle me dit, en faisant un visible effort pour me regarder en face :

« — Je vous le répète, monsieur, mes torts envers M. Daveluy et la générosité de sa conduite à mon égard me font un devoir de n'user que très discrètement des droits qu'il veut bien me laisser sur ma fille. Cependant, je ne donnerai mon consentement à votre mariage avec elle que quand vous aurez répondu loyalement, sincèrement, sur votre honneur, à l'unique question que je veux vous adresser : Aimez-vous Simonne ? »

« Ces paroles directes dissipèrent soudain l'espèce d'hallucination où m'avait jeté la présence de Mme Daveluy et me ramenèrent au sentiment de la réalité. Mon honneur interpellé eut horreur d'un mensonge, et, bravant tout ridicule, je répondis :

« — Je vous ai vue, madame, et je sais seulement à présent combien un mariage sans amour peut être fécond en malheurs. J'interroge ma conscience avec anxiété et je n'ose vous répondre oui. »

« Brusquement, Mme Daveluy se leva, alla vers une fenêtre du salon, l'ouvrit et resta là, debout, en s'appuyant, comme étourdie, sur la balustrade. J'aperçus par cette fenêtre un de ces jardins cachés, comme il y en a encore dans le quartier des hôtels et des couvents, un grand verger dans toute son opulente beauté d'automne. Les branches des arbres craquaient sous le poids des fruits, et la chaude et radieuse clarté du soleil de Septembre inondait les frondaisons.

« — Pardonnez-moi, — me dit Mme Daveluy. — Je suis un peu indisposée... J'étouffais. »

« Je m'approchai d'elle avec empressement. Elle me sembla bien émue, car sa main se crispait sur la barre d'appui, son sein palpitant soulevait longuement son corsage, et ses joues, subitement enflammées, semblaient deux camélias roses. Cette femme m'apparut alors dans tout le triomphe de sa beauté, que je comparai, par une soudaine correspondance, au verger mûr qui lui servait de cadre et dont elle avait la plénitude et la splendeur.

« — Si vous n'aimez pas Simonne d'amour, — dit-elle alors d'une voix grave, — au nom de Dieu, renoncez à ce projet de mariage et ne vous laissez influencer par aucune considération, par aucun intérêt. Croyez-moi. De l'union de deux êtres qui ne s'aiment pas, ou même qui ne s'aiment pas autant l'un que l'autre, il ne peut résulter que honte et désespoir. »

« L'image de Simonne était effacée déjà de mon esprit ; son nom retentissait à mon oreille comme celui d'une étrangère.

« — Vous serez obéie, — répondis-je en m'inclinant devant Mme Daveluy. — Mais je ne voudrais pas vous quitter, madame, sans être sûr que vous ne m'accusez pas de légèreté et que vous apprécierez la valeur de ma franchise. »

« Elle me regarda avec ses yeux mystérieux, ses yeux de magicienne, et me tendit sa main droite. Je la pris dans les miennes, et alors... alors je sentis que sa main s'abandonnait.

« Oui ! je sentis que cette femme éprouvait un trouble égal au mien, que j'exerçais sur elle le charme qu'elle exerçait sur moi, et qu'au moment de la séparation, — car il fallait nous séparer, et pour toujours ! — elle sentait, elle aussi, qu'elle m'eût aimé et qu'elle venait de passer à côté du bonheur.

« Ah ! si je m'étais jeté à ses pieds, si je lui avais tout avoué !... Mais non, elle m'aurait pris pour un aliéné, ou, pis encore, elle m'aurait repoussé avec indignation, avec horreur... Qui sait, pourtant ?...

« Mme Daveluy dégagea sa main, me dit adieu d'un doux mouvement de tête et quitta le salon.

« Quelques instants après, j'errais dans les longues avenues qui avoisinent les Invalides, avec la sensation d'un rêve évanoui, d'un espoir perdu, et douloureusement offensé par l'ironique magnificence du ciel d'automne.

« Je ne retournai pas à Saint-Germain. J'envoyai mon ordonnance payer la note et prendre mes bagages au pavillon Henri IV. J'écrivis, le soir même, à M. Daveluy, pour me dédire, en lui donnant je ne sais plus quel mauvais prétexte. J'allai, le lendemain matin, au ministère de la Guerre, retirer ma demande de prolongation de congé, et, huit jours après, je rejoignis mon régiment en Algérie. Je n'ai jamais revu Mlle Simonne, qui s'est mariée, ni Mme Daveluy, qui est morte à Lyon, l'année dernière, et tu connais maintenant, cher ami, ma seule tentative de mariage.

« A ton tour, maintenant. »

III

« Ton histoire, mon cher Dulac, — dis-je en ravivant d'un coup de pincettes le feu qui s'assoupissait, — ton histoire est celle d'un homme passionné; la mienne est celle d'un homme délicat. La Fontaine l'a dit: « Les délicats sont malheureux, » et il a exprimé ce jour-là, comme toujours, une pensée bien fine et bien vraie.

« Tu te souviens peut-être qu'en 1873 — je n'avais que trente ans alors et mes camarades avaient la bonté de m'appeler le beau Georges — je fus envoyé en qualité de second secrétaire auprès du baron de N..., ministre de France en Danemark. Ce vieux diplomate de carrière, homme excellent, sans ambition, paternel pour les jeunes gens placés sous ses ordres, et qui n'a jamais eu d'autres ridicules que sa perruque acajou, occupait depuis quinze ans le poste de Copenhague. Il avait adopté les mœurs danoises, qui sont pleines de bonhomie, et il était connu et estimé de tout le monde. Que de coups de chapeau n'a-t-il pas donnés quand il traversait le Kongs'Nitor, ou quand il allait, tous les soirs, entre huit et neuf heures, au Jardin-Tivoli, prendre une « délicatesse », comme on dit là-bas, c'est-à-dire manger une côtelette de veau, arrosée de deux ou trois chopes? A combien de voyageurs de distinction n'a-t-il pas fait admirer les nobles et froides statues du Musée Thorwaldsen et l'épée de fer de Charles XII, qu'on garde pieusement dans les galeries de Fréderiksborg?

« Le baron de N..., comme tous les hommes vraiment bons, aimait beaucoup la jeunesse, et il me prit tout de suite en grande affection. Non seulement il me patronna dans la haute société, comme c'était un peu son devoir, mais il voulut m'introduire chez ses amis particuliers. C'est ainsi qu'il me présenta chez la comtesse de Hansberg, où il faisait son whist deux fois par semaine.

« Veuve d'un chambellan du roi et médiocrement fortunée, M^mе de Hansberg, beauté jadis célèbre, avouait quarante-cinq printemps et vivait avec sa fille Elsa, très jolie personne, disait-on, mais à peu près sans dot. Dans de pareilles conditions, n'est-ce pas ? ce salon aurait été désert à Paris. A Copenhague, tout au contraire, on considérait comme un très grand honneur d'être admis chez la comtesse; car, là-bas, on croit encore pour de bon à l'aristocratie, et Mme de Hansberg était effroyablement noble. Oui! dans ce temps de blasons à vendre, elle aurait pu être admise d'emblée chez les chanoinesses de Remiremont, dans ce célèbre chapitre où, sous l'ancien régime, les filles de France n'entraient que par ordre du roi et par exception spéciale, attendu qu'elles n'avaient pas, du côté maternel, le nombre de quartiers nécessaires, à cause du mariage d'Henri IV et de Marie de Médicis, horrible mésalliance, il faut en convenir.

« Le Nord, héraldique et féodal, est plein de respect pour ces choses. Fort entichée de sa noblesse, très exigeante à cet égard pour les gens qu'elle daignait recevoir, Mme de Hansberg n'était donc jamais entourée que d'une société scrupuleusement choisie, et peu de roturiers comme ton serviteur peuvent se vanter d'avoir bu ses tasses de thé.

« Je ne suis pas vaniteux et je me serais fort bien

passé de cet honneur, sans l'aimable insistance de mon chef, qui prétendait que ce salon était indispensable à connaître pour un jeune diplomate. Je crus d'ailleurs faire plaisir au baron en l'accompagnant, et il me présenta dans les formes à la comtesse.

« Elle me fut antipathique au premier abord. Cette ancienne belle, poudrée par coquetterie et ayant assez grand air, mais très flétrie en somme, me reçut cérémonieusement, au coin de sa cheminée, du fond d'un fauteuil à écusson, presque un trône, et sans cesser de tourner un grand rouet d'ivoire, ainsi qu'une châtelaine du temps des croisades. Cette mise en scène prétentieuse, tranchons le mot, ce cabotinage, me déplut souverainement, et les lugubres groupes de vieillards à cravates gourmées assis aux tables de jeu allaient me faire prendre décidément la maison en grippe, quand la fille de la comtesse, Mlle Elsa, entra dans le salon.

« J'évoquerai d'un seul trait cette suave apparition. Figure-toi Ophélie en robe de deuil.

« Depuis deux mois que j'étais à Copenhague, j'avais eu le temps de me blaser un peu sur la beauté blonde. Là-bas, les trois quarts des femmes ont des yeux pâles et des cheveux couleur de blé, et la fille de chambre qui vous apporte l'eau chaude pour votre barbe ressemble plus ou moins à la Nilson de notre jeune temps.

« Sans doute, la grande et svelte enfant qui venait d'entrer, et qui inclinait respectueusement son front sous le baiser de sa mère, avait le type scandinave, elle aussi; mais elle en réalisait la perfection même, l'idéal absolu. Rappelle-toi les madones des vitraux, les saintes des livres d'heures enluminés. Elsa avait leur grâce un peu raide et si pure, leur chasteté céleste. Ses cheveux, du ton des vieux louis d'or, étaient tressés en une seule nate, ronde et lourde, qui pendait derrière elle jusqu'au milieu de sa jupe noire, — ces dames étaient en deuil, — et sa souplesse de cygne, sa légèreté de fantôme, surtout ses yeux d'un vert bleuâtre, ses yeux de turquoise malade, évoquaient tout ce qu'il y a de divin dans ce mot: une vierge.

« M. de N... me présenta à Mlle Elsa. Elle avait la voix de sa beauté, une voix qui vous caressait le cœur. Dès qu'elle m'eut parlé, dès qu'elle m'eut souri, le grand machiniste qui s'appelle l'amour exécuta, dans le salon de Mme de Hansberg, un prodigieux changement à vue. La morgue ridicule de la comtesse installée dans sa cathèdre armoriée se transforma en dignité aristocratique, et mon imagination prêta un air bienveillant aux vieux messieurs hauts sur cravates qui s'absorbaient dans les combinaisons du whist sous la livide clarté des abat-jour verts. J'étais amoureux, mon ami, follement amoureux de Mlle Elsa, et, dès ce soir-là, la maison de sa mère, dont je devins l'hôte assidu, me parut être le seul lieu du monde où la vie fût supportable.

« Va ! je ne regretterai jamais toutes les peines que m'a causées ce sentiment, né en une minute, étouffé aujourd'hui, hélas ! mais qui seul est capable de conserver encore chaud un petit foyer dans le tas de cendres de mon cœur, et dont le souvenir ressuscité — tu peux t'en apercevoir — fait trembler ma voix en ce moment même. Avoir trente ans, c'est-à-dire être sorti sain et sauf, mais meurtri, des orages de la première jeunesse, connaître le néant des passions de tête et des passions sensuelles, avoir subi leurs dégoûts et leurs amertumes, et puis, tout à coup, aimer purement une très jeune fille, rien n'est plus exquis ! Les meilleurs instants de ma vie sont ceux que j'ai passés chez Mme de Hansberg, assis à côté de Mlle Elsa, lui parlant — et seulement pour avoir la joie qu'elle me répondît — d'un rien, d'un conte d'Andersen que je venais de lire, de ma promenade à cheval, sous les beaux hêtres de Kronborg, devant l'horizon du Sund.

« Que c'est bon d'aimer avec ce respect profond, ce désintéressement parfait, d'être éperdument heureux pour tout un jour parce qu'il vous a semblé que l'être adoré a eu pour vous, la veille, une bonté dans le regard, une douceur dans la voix ! Vois-tu ! j'ai été alors dans un état d'âme qui, lorsque j'y pense, me relève à mes propres yeux et me paraît racheter toutes les impuretés de mon existence. O merveilles morales de l'amour innocent, de l'amour sans désir ! Je ne voulais, je n'espérais rien de cette enfant divine. Mon cœur débordait d'une joie ineffable à la seule pensée qu'elle existait, voilà tout ! et que je pouvais approcher d'elle, la voir et l'entendre. Quand je me suis dit qu'elle était une femme, qu'elle pourrait peut-être m'aimer, qu'il n'était pas impossible qu'un jour mes lèvres effleurassent son front, — oh ! rien de plus, — eh bien, moque-toi de moi, tant que tu voudras, mais tout d'abord cette idée m'a fait honte et j'en ai rougi. Lorsque je prenais congé d'elle et qu'elle me tendait timidement la main, cela me paraissait une faveur sans prix et dont j'étais indigne. La seule présence d'Elsa me jetait dans une extase pareille à celle que la prière doit procurer aux mystiques, créait autour de moi une atmosphère de rêve. Qu'elle soit à jamais bénie, l'enfant qui m'a fait vivre ainsi pendant quelque temps et près de qui je me suis senti si heureux, si doux et si pur!

« Un petit nombre de jeunes gens venaient chez Mme de Hansberg, et tous étaient des géants blonds, d'une lourdeur d'esprit et de corps désagréablement germanique, sans séduction aucune. Je m'aperçus bientôt — avec quelles délices ! — qu'Elsa préférait ma société à la leur et me traitait avec une bienveillance marquée. Ce cœur candide ne se rendait probablement pas compte de ce qui se passait en lui, mais une fleur de sympathie s'y épanouissait pour moi.

« Être aimé d'elle, quel espoir ! Je ne le conçus cependant que mêlé à une terrible inquiétude. Mme de Hansberg, je te l'ai dit, avait tous les préjugés et les dédains aristocratiques. Malgré ma fortune respectable, malgré mes débuts dans la « carrière » qui avaient été très brillants, cette femme altière voudrait-elle donner Elsa à un jeune homme de bonne famille, mais qui s'appelait Georges Plessy, tout court? Je n'osais guère l'espérer. Pourtant la comtesse paraissait aimer beaucoup sa fille unique, et elle s'humaniserait peut-être devant une inclination manifeste. C'était ma seule chance de succès. D'ailleurs, je n'avais qu'un parti à prendre, faire ma demande, et sans retard; car je me serais reproché comme une mauvaise action de laisser croître, d'entretenir dans le cœur d'Elsa un sentiment qui aurait pu devenir une douleur pour elle, au cas où il aurait jeté des racines profondes et où Mme de Hansberg m'eût repoussé malgré tout.

« Mon chef respecté, mon vieil ami le baron de N..., s'offrait à moi comme un conseiller naturel. L'excellent homme, chez qui trente ans de vie diplomatique n'avaient pas éteint la sensibilité, accueillit ma confidence avec la bonté la plus touchante. Je fus éloquent, sans doute, en lui parlant de mon amour et de mes craintes, car, lorsque j'eus fini, le baron était très ému et fut obligé d'essuyer les verres de ses lunettes.

« — Je n'ai pas toujours porté perruque, mon

cher enfant, — me dit-il enfin avec un triste sourire, — j'ai connu ce tourment-là, il y a bien longtemps, et je voudrais vous donner de l'espérance. Malheureusement, la comtesse est comme le don Carlos d'Hernani... Vous vous rappelez les beaux vers d'Hugo :

> *L'Empereur est pareil à l'aigle, sa compagne ;*
> *A la place du cœur il n'a qu'un écusson.*

J'ai bien peur que vous ne vous heurtiez à un invincible parti-pris... Enfin, ne vous découragez pas encore. J'ai quelque influence sur l'esprit de Mme de Hansberg et je lui parlerai ce soir. »

« La réponse fut telle que je la redoutais, polie, mais formelle. « Jamais, et pour rien au monde, la comtesse ne consentirait à ce que sa fille se mésalliât. » Le pauvre baron avait plaidé vainement pendant deux heures. Il dut me rapporter, en propres termes, le cruel refus, et l'atroce sensation que j'éprouvai en ce moment-là doit être celle d'un homme à qui l'on coupe le visage d'un coup de cravache.

« Les larmes vinrent ensuite... Oui ! mon cher, j'ai pleuré sur l'épaule de mon vieil ami, et je n'en rougis point. N'a pas qui veut pleuré d'amour.

« Je ne pouvais rester à Copenhague. Je demandai et obtins un congé. Le jour de mon départ, le baron, qui me conduisit à la gare et eut pitié de ma mortelle tristesse, me dit, au dernier moment :

« — Mon ami, je n'ai pas le courage de vous cacher une chose qui va vous faire à la fois peine et plaisir... Je suis allé hier chez ces dames... Elsa est triste. »

« Ainsi, la chère enfant m'aurait aimé ! Je m'en doutais bien un peu; mais il n'y avait pas là de consolation pour moi, puisque notre union était impossible.

« Je revins à Paris, j'y cherchai l'oubli dans de violentes distractions, et six mois après avoir quitté le Danemark, j'appris le mariage de Mlle de Hansberg avec un jeune russe, le prince Babéloff. Elle avait obéi à un désir, à un ordre de sa mère, sans aucun doute. Pouvais-je lui en vouloir ?... Une enfant!

« Je fus nommé à Lisbonne et je m'y ennuyai pendant une longue année. Le grand soleil augmente et exaspère la mélancolie. Enfin, dans l'été de 75, je pris un nouveau congé, dont je passai la durée à Trouville.

« Ce fut là qu'un matin, prenant le café en compagnie d'un de mes collègues, sous la tente du casino, je lus dans le journal local, parmi les noms des voyageurs de distinction récemment arrivés à l'hôtel des Roches-Noires, celui de la princesse Babéloff.

« Mon cœur se mit à battre avec violence. Mais était-ce bien Elsa qui se trouvait si près de moi? J'interrogeai mon compagnon, homme très mondain, ayant des relations cosmopolites, et je sus par lui — tu devines mon émotion — que la princesse Babéloff, logée depuis cinq ou six jours aux Roches-Noires, était en effet Mlle Elsa de Hansberg et qu'elle n'avait été mariée que pendant un an à peine, son mari ayant été tué par accident, dans une chasse. Mon camarade ajouta que la princesse avait aussi perdu sa mère et qu'elle voyageait pour se distraire de ses récents chagrins, seulement accompagnée d'une vieille parente, duègne sans importance. La princesse ne devait passer qu'une semaine à Trouville et retournerait ensuite en Danemark.

« Donc Elsa était veuve, libre de toute influence,

ne dépendant que d'elle-même, et je me rappelais soudain que, dix-huit mois auparavant, elle avait été affligée, elle avait souffert d'être séparée de moi. Un immense espoir m'envahissait. Je voulais la revoir, la revoir sur-le-champ. Quittant brusquement mon compagnon, je rentrai chez moi et j'écrivis à la princesse une lettre respectueuse, m'autorisant du hasard qui nous rapprochait pour lui dire combien je prenais part à son double deuil et quel fidèle sentiment j'avais gardé pour elle. Mon messager m'apporta une réponse immédiate, une lettre timbrée d'une couronne princière, hélas! mais écrite par Elsa elle-même, d'une de ces longues et grosses écritures qui couvrent quatre pages en quelques mots. C'était une simple assurance qu'on aurait grand plaisir à me revoir et une invitation à venir le soir même. Aussitôt après dîner, je me rendis aux Roches-Noires par la plage. La nuit montait, une calme et chaude nuit d'été, sans un souffle. Déjà quelques étoiles scintillaient dans le ciel et l'on entendait dans l'ombre la profonde respiration de la mer. Tous mes souvenirs de Copenhague me revenaient en foule. Je revivais les longues soirées passées en admiration devant Elsa, je l'évoquais, blonde en robe noire, fixant doucement sur mes yeux ses yeux clairs, dans sa chaste attitude de sainte de missel. J'allais la revoir... Était-ce possible?...

« Enfin, j'arrivai à l'hôtel ; le domestique me conduisit au premier étage, ouvrit une porte. J'entrai, glacé d'émotion, défaillant presque, dans un petit salon très éclairé, et je vis Elsa qui se levait pour me recevoir, Elsa restée la même, absolument la même, comme jadis si blanche et si blonde dans sa robe de deuil, avec ses yeux pâles, ayant gardé intacte sa grâce virginale.

« Elle me tendit la main, cette main qu'autrefois je me croyais à peine digne d'effleurer, et je la pris en m'inclinant; elle m'accueillit avec quelques mots de bienvenue, et je reconnus sa chère voix. Oui! pendant un instant, mon illusion fut complète. Je crus retrouver la jeune fille que j'avais si purement, si idéalement aimée!

« Mais, dès le premier mot que je prononçai, le charme fut rompu. Je me rappelai qu'il fallait lui dire et je lui dis en effet « Madame », et ce titre me rappela la réalité, dissipa ma chimère. Je regardai sa main que je retenais encore dans la mienne, et j'y vis un anneau nuptial.

« Ah! mon cher ami, cette entrevue a été l'heure

la plus amère de ma vie. Je m'étais assis près d'Elsa, j'essayais de lui adresser quelques mots de condoléance sur la mort de sa mère, et elle me répondait avec embarras, se souvenant sans doute combien la comtesse avait été dure pour moi. Ni l'un ni l'autre nous ne prenions souci de nos paroles machinales, et tous les deux ensemble, j'en suis certain, nous nous abîmions dans des pensées qui nous rongeaient le cœur. Elsa avait surpris mon regard sur son anneau, et, quand j'avais reporté mes yeux sur les siens, j'y avais retrouvé une affreuse expression de détresse. Puis cette phrase lui échappa : « Depuis la mort du prince... », et elle vit éclater tant de douleur sur mon visage, qu'elle s'interrompit toute confuse.

« Nous comprîmes alors qu'il y avait entre nous un abîme, quelque chose d'irréparable, et combien toute explication serait superflue. A la moindre allusion faite au passé, nous aurions éclaté en larmes impuissantes. A quoi bon ?... Comme dans le salon de Mme de Hansberg, à Copenhague, nous étions l'un près de l'autre, libres tous les deux, semblables physiquement aux amoureux d'autrefois, et cependant il nous était aussi impossible de ranimer notre ancien sentiment que d'imposer silence au rythme lointain de la mer qui parvenait jusqu'à nous par la fenêtre ouverte, ou que d'éteindre une des étoiles qui étincelaient dans le ciel nocturne.

« Notre entretien stupidement banal en apparence, mais dont chaque mot contenait un infini de plainte et de regret, dura un quart d'heure à peine. J'eus le courage de me lever le premier; elle en fit autant en m'annonçant qu'elle quitterait Trouville le lendemain matin, et je la quittai sans avoir touché de nouveau sa main où brillait sa bague de veuve.

« Une fois dehors, devant la façade noire de l'hôtel, dont une seule fenêtre était éclairée, je restai un instant immobile sur la plage dans le grandiose silence de la nuit, et je sentis en moi un vide immense se creuser. Soudain, là-bas, dans l'obscurité, une lame de fond poussa son long sanglot; et c'est pour moi une certitude qu'à cet instant précis, Elsa dans sa chambre solitaire et moi sur la plage déserte, nous avons exhalé le même soupir, le profond soupir de l'éternel adieu. »

IV

— « Voilà donc pourquoi nous ne nous sommes mariés ni l'un ni l'autre, — dit le commandant Dulac en se levant pour s'en aller. — Mais, crois-tu, — ajouta-t-il presque gaîment, — nous étions soulagés par notre confidence mutuelle, — crois-tu qu'on nous excusera, si l'on vote l'impôt sur les célibataires, et que nous serons exemptés ?

— J'en doute fort, — répondis-je, — car le récit de nos deux aventures ferait pitié à bien des gens, mon pauvre ami, et la brutale démocratie où nous vivons se soucie fort peu, n'est-ce pas, des scrupules, des nuances et des délicatesses.

— Oh! non, » — s'écria d'un air convaincu le commandant, qui est réactionnaire jusqu'au bout des ongles.

Et après avoir allumé un dernier cigare pour la route, il me donna une poignée de main fraternelle.

Jalousie

Jalousie

(MANUSCRIT D'UN PRISONNIER)

DEMAIN matin, j'aurai fait les six mois de détention auxquels j'ai été condamné pour avoir volé deux mille francs dans la caisse de mon patron; demain matin, j'aurai expié ma faute, subi toute ma peine.

A huit heures, le gardien entrera dans ma cellule. Il m'apportera les vêtements que j'ai dû échanger, en entrant ici, contre le costume des détenus; ils étaient neufs, je m'en souviens, et, quand je les aurai mis, je reprendrai l'apparence d'un jeune homme comme un autre, assez élégant même. Je n'aurai plus qu'à descendre au greffe, où on lèvera mon écrou, et à rejoindre Marguerite, qui m'a promis de m'attendre dans un fiacre à la sortie de la prison. Je serai libre!

Je serai libre, et je pourrai encore être heureux; car Marguerite, pour qui j'ai commis ce vol, me jure dans sa lettre d'hier qu'elle m'aime toujours et que nous vivrons ensemble comme mari et femme, ainsi qu'autrefois. Dans ce grand Paris où l'on peut cacher facilement son passé, un garçon comme moi, énergique, payant de mine et ayant l'instinct du commerce, — avant mon malheur, mon patron songeait à me prendre pour associé, — un garçon comme moi, dis-je, finira bien par trouver une place. Je me sens plein d'un indomptable courage, et je suis prêt à travailler comme un cheval d'omnibus pour gagner ma vie et celle de Marguerite.

D'ailleurs, à plus tard les affaires sérieuses. Ne pensons qu'à demain, à demain dont je suis sûr et qui sera délicieux. Dès que j'aurai franchi la porte de la prison, j'apercevrai dans l'ombre de la voiture le joli visage de Marguerite, pâle d'émotion sous la voilette. Je jetterai l'adresse au cocher en lui donnant cent sous pour qu'il aille bon train, je sauterai dans le fiacre, qui partira au grand trot, et la pauvre fille tombera en pleurant sur ma poitrine. Quel baiser !

Nous rentrerons chez nous, dans notre chambre haute de la rue Madame, d'où l'on voit tout le jardin du Luxembourg. Par cette belle fin de Septembre, si sereine et si pure, les arbres doivent être admirables avec leurs feuilles flétries. Nous dresserons le couvert auprès de la fenêtre ouverte; un doux rayon de soleil caressera la nappe blanche et fera étinceler la vaisselle, et nous déjeunerons gaiement, sans pouvoir nous quitter des yeux, nous taisant, attendris, ou bavardant et faisant mille projets. Après m'avoir versé mon café, Marguerite viendra s'asseoir auprès de moi, comme jadis; elle joindra sur mon épaule ses deux mains, et posera dessus son gentil menton, en me regardant de tout près. Je respirerai sa fine odeur de blonde, ses cheveux chatouilleront mes lèvres, je lui montrerai le lit du doigt, son clignement d'yeux consentira ; et alors, vite, vite, je fermerai les volets, la fenêtre, les rideaux, elle allumera les bougies, j'arracherai mes vêtements, et, tandis qu'elle se déshabillera, plus lente, je l'attendrai, frémissant, le coude dans l'oreiller, et tant mieux si mon cœur éclate et si je meurs de joie, quand je verrai sa nuque et ses épaules émergeant de son corset de satin noir et son voluptueux sourire reflété dans l'armoire à glace!

Oui! voilà ce que je puis avoir demain, après ces six mois de solitude, d'horrible solitude. Voilà ce que je puis avoir demain, si je veux. La liberté, le bonheur, l'amour!...

Eh bien, cela ne sera pas. Je me tuerai tout à l'heure, quand j'aurai noirci ces quelques feuillets où j'essaie de m'expliquer à moi-même la cause de mon impérieux besoin de mourir. Ah! le gardien, qui, malgré le règlement, a bien voulu me vendre le rat de cave à la lueur duquel j'écris ces lignes, et qui, demain, quand il viendra pour me délivrer, me trouvera pendu à l'un de ces barreaux, raide, déjà froid, la face noire et la langue tirée, sera bien surpris, n'est-ce pas? Les choses se passeront ainsi, pourtant. Je me pendrai à minuit..

Réfléchissons, tâchons de voir clair dans les sentiments qui m'agitent.

D'abord, il faut bien l'avouer, je n'ai aucun remords de ma mauvaise action. J'ai cependant commis un indigne abus de confiance, j'ai volé un homme qui était juste et bienveillant pour moi, qui rétribuait honorablement mon travail, se souciait de mon avenir, m'estimait assez pour vouloir m'associer à ses affaires. Mais, il n'y a pas à me le dissimuler, je n'éprouve point de repentir. Ce serait à refaire ?... Oui ! si je sentais encore le bras de Marguerite frémir sur le mien, devant la vitrine de ce joaillier, si je voyais encore ses yeux avides de désir en regardant ce petit bracelet orné de brillants, eh bien, je volerais encore les cent louis dans ma caisse et je lui donnerais le bijou. Suis-je un scélérat, ou un aliéné? Je n'en sais rien, mais je recommencerais.

Oh ! cette femme ! Comme je l'ai aimée, tout de suite, au premier choc de nos regards !

Je me rappelle. Deux camarades m'avaient offert de les accompagner dans ce bal public, du côté de Montmartre. J'avais refusé d'abord, j'étais un peu las. Je voulais me coucher de bonne heure. Ils insistèrent, et je les suivis.

L'orchestre jouait une polka dont le motif vulgaire était durement dessiné par le cornet à piston, et autour de l'espace bitumé où sautaient quelques couples, la foule tournait sans cesse, stupidement, sous les maigres arbustes dont le feuillage, éclairé en dessous par le gaz, avait des tons de papier peint. Deux femmes vinrent à notre rencontre. La plus grande, une brune très maquillée, — le type de la fille de restaurant nocturne, — connaissait un de mes compagnons; elle nous demanda effrontément de lui payer à boire. On s'attabla, et je m'assis auprès de l'autre femme, de la blonde, déjà séduit par son délicat et gracieux visage, par son maintien réservé, presque timide. Il était facile de voir qu'elle ne courait les bals que depuis très peu de temps. Point de bijoux et une pauvre robe noire déjà usée, une robe d'honnête fille.

Son chapeau seul, un feutre tapageur à plume rose, autorisait le premier venu à lui dire : « Viens-tu souper ? » Ce chapeau était une enseigne.

Nous causâmes : sa voix était douce comme ses yeux. Aucun cynisme. Un de mes camarades lui ayant adressé un compliment brutal, elle ne lui répondit que par un sourire gêné, où il y avait de la politesse, de la résignation et du dégoût.

Elle charmait en inspirant la pitié, et elle me fit songer — je n'ai pourtant rien d'un poète — au reflet d'une étoile dans le ruisseau. Dans le premier baiser que je lui donnai, lorsque nous fûmes montés tous deux en voiture, à la sortie du bal, il y avait déjà de la tendresse.

La nuit que nous passâmes ensemble, — oh ! je crois encore sentir la chaleur de ses larmes, quand elle pleurait sur mon épaule en me racontant son enfance vagabonde sur les trottoirs de Paris, sa jeunesse de misère, sa chute piteuse et inévitable, — cette nuit-là fut telle que, peu de jours après, j'arrachais Marguerite à sa honteuse misère et qu'elle venait vivre avec moi.

C'était une folie. Je n'avais pour toutes ressources que mes appointements de caissier au « Petit-Saint-Germain ». Pourtant, si Marguerite avait eu un peu d'économie, quelques instincts de femme de ménage, on aurait pu s'en tirer tout de même. Mais il n'en était rien. Naturellement douce, le cœur froid et la chair ardente, tombée dans la débauche plutôt par faiblesse que par goût, Marguerite était la vraie gamine de Paris, paresseuse et ivre de chiffons, qui s'attarde au lit jusqu'à midi, le nez dans un roman, et qui se nourrit de salade pendant huit jours pour s'acheter une paire de bas de soie.

Bientôt mon petit ménage fut dans un complet désordre. Le soir, quand je revenais du magasin, je trouvais Marguerite encore en peignoir du matin, en train de faire des « réussites » ; elle n'avait même pas songé au souper, et il fallait envoyer la concierge acheter des charcuteries.

Quand j'essayais de faire quelques remontrances à ma maîtresse, elle me disait simplement, sans se fâcher : « Je sais bien que je ne suis pas la femme qu'il te faut... Qu'est-ce que tu veux y faire ?... Quitte-moi. Je n'aurai pas le droit de me plaindre. »

Et je ne savais que répondre, furieux de penser qu'elle ne tenait guère à moi et que je ne pouvais plus me passer d'elle.

La quitter ? J'y avais bien songé quelquefois, dans les premiers temps. Mais l'idée qu'elle me dirait assez froidement adieu, qu'elle retournerait le soir même dans l'horrible bal où je l'avais ramassée et qu'un passant l'emmènerait chez lui pour une ou deux pièces de vingt francs... oh ! cette idée-là m'était insupportable. La quitter ! Mais, rien qu'en me disant que je me réveillerais le lendemain sans sentir la chaleur de son corps auprès de moi, j'éprouvais comme une défaillance. En quelques semaines, le besoin que j'avais de cette femme avait pris l'ardeur d'une passion et la force d'une habitude.

Je l'aimais! je l'aimais!... Elle me possédait, quoi!

Quand j'avais fait connaissance avec Marguerite, elle habitait une sordide chambre d'hôtel garni et ne possédait qu'un peu de linge, la pauvre robe qu'elle avait sur le corps, et cet horrible chapeau à plume rose qui l'affichait dans les bals publics. Pour l'habiller plus décemment, pour lui faire un petit trousseau, j'avais sacrifié toutes mes économies et je m'étais même endetté. Son désordre, son manque de soins, les nouvelles dépenses que je fis pour la distraire, pour la mener au spectacle, au café-concert, — j'avais peur qu'elle ne me quittât par ennui, — achevèrent rapidement ma ruine. J'étais en retard avec tous les fournisseurs; je devais des sommes assez rondes à plusieurs de mes camarades. Mais je ne confiais pas mes soucis à Marguerite.

A quoi cela m'eût-il avancé? Elle m'aurait dit encore, je le prévoyais, de sa voix douce et résignée : « Que veux-tu que j'y fasse ?... Séparons-nous. » Je m'efforçais donc de ne pas penser à la catastrophe certaine, feignant l'insouciance auprès de ma maîtresse, faisant avec elle une partie de plaisir dès que j'avais quelque argent ; mais, au fond du cœur, j'étais épouvanté de l'avenir.

Tous les hommes dans une position désespérée sont tentés de demander des ressources au jeu. Je le fus d'autant plus facilement que les commis du « Petit-Saint-Germain » parlaient constamment devant moi de leurs gains et de leurs pertes aux courses de chevaux qu'ils suivaient avec passion. Un jour, le chef du rayon des soieries, dont jusque-là les paris avaient été très heureux, affirma qu'il avait sur le résultat des prochaines courses d'Auteuil un renseignement excellent, donné par un jockey, un « bon tuyau », comme on dit dans l'argot spécial des bookmakers. D'après ce « tuyau », *Grain-de-Sel,* un cheval inconnu, remporterait le prix principal, et ceux qui parieraient pour lui gagneraient dix fois leur mise. Vainement le second vendeur des lainages vantait-il les *performances* du cheval favori, *Sept-de-Pique,* l'autre n'en voulait pas démordre et racontait, avec des airs mystérieux, une assez sale intrigue d'écurie où des sportsmen fameux étaient mêlés et qui devait donner la victoire à *Grain-de-Sel*.

Tant d'assurance me troubla.

— « Si j'avais encore, — me dis-je, — le billet de cinq cents francs qui était dans mon secrétaire quand Marguerite est venue habiter avec moi, je le risquerais certainement... Dix fois la mise! Cinq mille francs!... Ce seraient toutes mes dettes payées, et la tranquillité, l'aisance, la paisible possession de Marguerite pour de longs mois. »

Mais il n'y avait que deux louis dans mon porte-monnaie. Je chassai donc ce rêve absurde en haussant les épaules.

J'avais promis à Marguerite, malgré ma pauvreté, de la conduire ce soir-là aux Folies-Bergère, où de très étranges clowns faisaient fureur. Nous y allâmes à pied, bras dessus bras dessous, pour épargner le prix d'un fiacre, et nous passâmes sous les galeries du Palais-Royal. Marguerite n'eût pas été femme si elle n'avait point fait deux ou trois haltes devant les vitrines des bijoutiers. Elle me montra un mince porte-bonheur orné de diamants qui excitait sa convoitise.

— « Dis donc, combien ça peut-il coûter, ce petit bracelet?

— Eh! eh! — répondis-je, — une cinquantaine de louis... Pas moins. »

Elle s'éloigna de la vitrine, lentement, avec un long regard de regret.

— « Allons! — dit-elle, — ces joujoux-là, c'est bon pour les autres! »

A ce moment précis, par un de ces coups de pensée où l'on voit l'avenir prochain dans une lueur d'éclair, je me rappelai dans tous ses détails l'intrigue d'écurie racontée par mon camarade; je conçus une confiance absolue dans le succès de *Grain-de-Sel;* j'eus le cœur étreint par la tentation de prendre deux mille francs dans ma caisse, d'acheter le bracelet pour Marguerite et de jouer le reste; j'imaginai un moyen de dissimuler le vol pendant quelques jours, afin de pouvoir restituer secrètement la somme, si je gagnais aux courses; je me vis enfin libéré de tout souci, les poches pleines d'or, venant de faire un dîner fin avec ma maîtresse, assis derrière elle dans l'ombre d'une baignoire de petit théâtre, et mordillant de temps en temps entre mes lèvres les frisons de cheveux qu'elle a dans le cou.

Je pensai à toutes ces choses à la fois, en une seconde, avant que Marguerite eût détourné ses yeux de la vitrine éblouissante.

Je l'entraînai, lui serrant le bras, hâtant le pas, le cœur gonflé et battant à coups profonds. Puis, soudain, j'eus la sensation que je venais d'être frappé douloureusement dans l'intérieur de mon cerveau et je me dis :

« Si je ne gagnais pas ?... »

Je lançai un regard oblique à celle qui m'accompagnait. Heureusement, elle avait la tête tournée de l'autre côté, du côté des boutiques, et elle ne vit pas mes yeux. Dans la glace d'un magasin, j'aperçus avec terreur un visage de fou qui me ressemblait.

Mais, d'un effort de volonté, je redevins maître de moi.

Eh bien, quoi ? Si je ne gagnais pas ?... J'irais m'asseoir, le dos rond et la tête basse, sur le banc des accusés ; je tâterais de la prison, du bagne peut-être... On n'a rien sans risque ; et, en cas de malheur, j'aurais donné du moins à cette femme qui m'avait fait son esclave par les sens, mais dont je n'avais jamais échauffé le cœur glacé, j'aurais donné à Marguerite une effrayante preuve d'amour, et elle m'aimerait peut-être enfin, elle souffrirait peut-être à son tour, la fille qu'elle était, quand elle saurait que j'avais volé pour elle !...

Mais l'heure passe... A quoi bon raconter la tempête morale dans laquelle a sombré mon honnêteté? A quoi bon dire le vol commis et mon horrible angoisse, devant le poteau des courses, en voyant accourir les deux chevaux furieusement fouettés par leurs jockeys, et en entendant la foule acclamer *Sept-de-Pique*, qui venait de battre *Grain-de-Sel* d'une longueur de tête? On découvrit mon crime. Je fus arrêté, jugé, condamné, mis enfin dans cette prison où j'ai subi les pires tortures et d'où je ne sortirai que mort.

Oh! oui, les pires tortures! Pas celles du remords, je le répète, ni de la privation de la liberté, ni de la vie en commun avec des bandits. Oh! de bien pires, de bien pires, celles de la jalousie!...

Je n'avais jamais souffert encore de ce cruel sentiment, et Marguerite, pendant les cinq mois que nous avions vécu ensemble, n'avait rien fait pour me l'inspirer. Apathique et casanière, elle restait seule au logis pendant toute la journée, — j'en avais des preuves, — et, le soir, quand nous sortions ensemble, pas une seule fois je n'avais surpris chez elle un de ces regards de complaisance que la plus honnête femme, même au bras de son mari, jette au premier passant venu qui a l'air de la trouver à son gré. Marguerite n'était nullement coquette.

De plus, ce que j'avais prévu au moment où je méditais mon coup était arrivé. Marguerite avait été profondément touchée par ma coupable action; elle y avait vu une preuve d'amour. A l'audience, elle avait pleuré des larmes sincères, s'accusant de m'avoir perdu, et, dès qu'il lui fut permis de me visiter dans ma prison, — elle se faisait passer pour ma sœur, — elle me montra, derrière la grille du préau, un visage pâli par le chagrin. Elle m'aimait enfin! J'en étais sûr.

Je me souviens de notre première entrevue. Nous nous regardions tristement à travers le grillage en fer.

— « Alors, tu m'aimes un peu? — lui dis-je. — C'est bien vrai?

— Plus et mieux qu'autrefois, tu le vois bien.

— Naguère, tu étais si froide pour moi, cependant!

— Ce que tu as fait m'a bien changée, va!... Est-ce que je pouvais croire que tu m'aimais à ce point-là?... Mets-moi à l'épreuve.

— Il n'y en a qu'une qui me convaincrait.

— Laquelle?

— Si tu étais capable d'attendre ma libération et de me rester fidèle ?...

— Je te le promets... je te le jure !

— Bah ! comment vivras-tu ?

— Je travaillerai.

— Toi, ma pauvre Marguerite ?

— J'ai appris pour être couturière... Tu verras. »

Elle revint huit jours après, ôta ses gants et me montra ses doigts marqués de piqûres d'aiguilles. Elle avait trouvé, me dit-elle, des « confections » à faire pour un magasin de nouveautés. Elle gagnait déjà quarante sous par jour, mais bientôt elle deviendrait plus habile, arriverait à trois francs.

— « On peut vivre avec ça, — ajouta-t-elle en souriant. Oh ! sans faire la noce, bien sûr... Mais je n'y pense guère, va !... Je ne tiens plus qu'à une chose, à présent... Faire plaisir à mon chéri. »

Ce nom « mon chéri », qu'elle me donnait autrefois avec tant d'indifférence, si banalement, comme elle l'avait donné, hélas ! à tous ses amants, fut prononcé par elle, ce jour-là, avec l'intonation la plus tendrement émue ; et les larmes m'en vinrent aux yeux.

Que m'importaient alors la captivité, la livrée

d'infamie, l'ignoble soupe mangée à la même gamelle que les scélérats, les éternelles nuits d'insomnie sans lumière! Marguerite m'aimait; elle gagnait son pain pour rester sage et pour m'attendre. Était-ce donc possible? Misérable homme! j'avais commis un vol pour une femme, et j'allais avoir la consolation, une fois ma faute expiée, de me réfugier dans les bras de cette même femme, mais devenue tout autre, régénérée par l'amour et par le travail, et qui serait maintenant la première à m'empêcher de faillir, si j'en étais tenté. Ah! j'étais plein de courage, prêt à subir sans une plainte la peine que j'avais méritée. Aux plus durs moments de ma vie de prisonnier, je pensais à Marguerite, et l'espérance m'inondait en me réchauffant, comme un puissant cordial, et mes affreux compagnons me demandaient pourquoi j'avais l'air si heureux et ce qui me faisait sourire.

Cet état d'âme délicieux, — oui! moi, le condamné vêtu d'une souquenille de forçat, moi à qui les gardiens disaient: « Ici! » comme à un chien, j'ai vécu alors des heures délicieuses, — cet état d'âme, cette période d'espoir et de résignation, dura environ deux mois. Pendant ce temps, Marguerite vint me voir exactement une heure par semaine, et, à chacune de ses visites, je regardais, avec une enivrante pitié, ses yeux cernés par les veilles, ses joues que la misère amaigrissait, ses pauvres doigts meurtris et sa robe qui se fanait de plus en plus.

Un jour, — c'est alors que mon supplice a commencé, — elle vint avec une robe neuve.

Tout de suite, j'eus le cœur mordu par un soupçon. Mais elle me regarda en face et me dit en souriant :

« Ah ! oui, tu regardes ma robe !... C'est Clotilde qui me l'a donnée... Tu sais, Clotilde, l'amie avec qui j'étais la première fois que nous nous sommes rencontrés... Elle a maintenant un amant qui fait des folies pour elle. En me voyant si pauvrement vêtue, elle m'a fait cadeau de cette robe qu'elle n'avait mise que cinq ou six fois. Je n'ai eu qu'à l'arranger un peu... Elle est comme neuve, n'est-ce pas ? »

Ce n'était pas vrai ! Jamais, depuis que nous vivions ensemble, Marguerite ne m'avait parlé de cette Clotilde comme d'une amie. Naguère, les deux femmes demeuraient dans le même hôtel meublé, voisinaient, allaient de compagnie dans les bals publics, voilà tout. Je me rappelais

Clotilde comme une fille sans jeunesse et sans beauté, tombée dans la misère, pouvant faire tout au plus illusion, sous le fard, à quelque soupeur pris de vin. Une pareille créature n'avait pu trouver un amant assez riche pour faire de telles largesses. Ce n'était pas vrai, et, si j'en avais douté, j'en aurais vu éclater la preuve dans les yeux que Marguerite s'efforçait de tenir fixes sur les miens, dans ses yeux où le regard semblait trembler et dont les paupières palpitaient à coups rapides, dans ses yeux de menteuse !

Je fus sur le point de lui dire toute ma pensée, d'éclater en reproches, de lui faire une scène. Mais j'eus peur qu'elle ne revînt plus, et je me contins.

Elle continua de me parler affectueusement, me disant qu'elle gagnait à présent trois francs cinquante et jusqu'à quatre francs par jour, qu'elle avait trop d'ouvrage et n'y pouvait suffire, qu'elle songeait à prendre une apprentie. Elle accumulait les mensonges, j'en avais la certitude.

Bien que je sentisse gronder en moi un orage de douleur et de colère, j'eus la force d'être calme jusqu'au bout; je ne répondis que par des mots insignifiants à tout ce bavardage. Elle attribua sans doute cet accès de taciturnité à ma triste situation et me quitta presque joyeuse, s'imaginant que j'étais sa dupe.

Ainsi, Marguerite me trompait. Pendant que je subissais, à cause d'elle, le châtiment des voleurs, elle avait pris un amant, — que dis-je? elle se louait peut-être à la nuit, comme autrefois, et pour des chiffons! Je venais de lui voir une robe nouvelle, mais, la prochaine fois, — j'en aurais parié ma main droite, — elle aurait des gants neufs et un chapeau frais; et toutes les menteries qu'elle venait de me débiter n'avaient d'autre but que de me préparer à l'apparition de ses futures toilettes. Et elle n'avait pas eu l'idée de remettre, pour venir me voir, ses pauvres vêtements, ou, si elle y avait pensé, elle n'avait pas voulu se montrer dans la rue avec une robe usée! Non! elle avait mieux aimé inventer d'imbéciles impostures; elle avait probablement haussé les épaules en se disant: « Tant pis pour lui, s'il ne me croit pas! » Oh! la stupide, la vulgaire fille! Et c'était pour « ça » que je faisais de la prison et que je m'étais déshonoré!

Mais, puisqu'elle était capable de cette infamie, puisqu'elle ne m'aimait pas, pourquoi revenait-elle me voir? Eh! parbleu, par niaise sensiblerie, par bêtise charitable, comme elle serait allée porter des oranges à sa portière malade à l'hôpital.

Quelle honte! Elle avait pitié de moi!

Je passai huit jours horribles, en roulant sans cesse toutes ces pensées dans mon esprit. Puis une terreur me saisit: « Si elle ne revenait pas, au prochain jour de visite? » Et seulement alors, par la détresse où cette crainte me jeta, je compris combien, malgré tout, Marguerite m'était encore chère. Je me fis donc le serment, que j'ai tenu, de lui dissimuler ma jalousie, de ne rien faire ni dire qui pût trahir mes souffrances et mes soupçons.

Elle revint, — oh! je l'avais parié! — elle revint avec un joli chapeau de printemps. Elle avait complété sa toilette; son visage était reposé, son teint plus frais. Certes! non, cette femme-là n'était plus dans la misère et ne gagnait plus son pain à coudre des « confections » jour et nuit.

Elle eut cependant l'audace... ou la bonté — qui sait? elle croyait peut-être bien faire — de me dire qu'elle était très contente, qu'elle employait deux ouvrières; cent nouveaux mensonges. Je feignis de m'en réjouir avec elle, et, donnant à ma voix l'accent le plus caressant, je la priai d'ôter son gant et d'appuyer sa main sur le grillage qui nous séparait, afin que je pusse la toucher de mes lèvres. Elle m'obéit, et en baisant sa main je vis qu'il n'y avait plus de piqûres d'aiguilles au bout de ses doigts...

Mais la demie d'après onze heures vient de sonner à l'horloge de la prison.

Mon bout de cire sera bientôt consumé.

Hâtons-nous.

Si le temps ne me manquait pas, j'aurais eu pourtant une atroce satisfaction à analyser ici toutes les angoisses que j'ai souffertes et qui se peuvent résumer dans ces deux mots dont l'accouplement fait frémir: un prisonnier jaloux! Oui! j'aurais une joie de damné à décrire par le menu les supplices que m'infligea Marguerite, à chaque nouvelle visite. Il en est un, surtout... Oh! celui-là, je veux le dire, car il fut le plus cruel de tous.

Ce jour-là, en attendant l'arrivée de ma maîtresse, j'avais essayé de me persuader que j'étais trop incrédule, qu'il n'était pas impossible, après tout, qu'une femme gagnât assez largement sa vie pour s'acheter quelques nippes. Un détail, même, qui m'était subitement revenu à la mémoire, m'avait presque rassuré. Jamais Marguerite, qui ne craignait pas de se montrer à moi en toilette neuve, — en y réfléchissant, c'était peut-être une preuve de son innocence, — jamais Marguerite ne portait le moindre bijou. Le bracelet jadis acheté par moi avec l'argent du vol, et qu'elle avait tenu à restituer honnêtement au moment du procès, était le seul joyau qu'elle eût jamais possédé. Jusque-là, très pauvre fille, mais ayant horreur du faux, du « toc », comme elle disait avec un dégoût singulier, elle ne s'était jamais parée de la plus modeste bijouterie, et ses oreilles n'étaient même pas percées. Le souvenir de cette dernière particularité me touchait profondément.

Parbleu! je me rappelais quand même que, si je ne voyais point de bagues à ses doigts, je n'y retrouvais pas non plus, depuis quelque temps, les traces du travail. Je me disais bien aussi qu'elle pouvait avoir accepté des parures et ne pas les mettre pour venir me voir. Mais, ce jour-là, j'étais disposé à la bienveillance, je voulais me convaincre d'injustice, et, dans les mille suppositions qui me traversaient l'esprit, je ne m'arrêtais qu'à celles qui pouvaient être favorables à Marguerite.

Elle arriva à l'heure exacte, selon son habitude, et moi, en l'apercevant de loin, à travers le grillage, je sentis pour la première fois se dissiper mes soupçons. Mais quand je fus plus près d'elle, — oh! l'ironie méchante des pressentiments! — tout de suite, au premier regard, je vis à ses oreilles deux petites cicatrices encore fraîches!... Elle avait des bijoux, à présent, cette femme qui n'en voulait porter que de vrais et à qui je n'avais pu en payer qu'avec de l'argent volé! Elle se mettait aux oreilles des perles fines ou des diamants, et, certainement, elle croyait faire preuve de délicatesse en m'en épargnant la vue!...

C'est depuis ce jour-là, c'est depuis qu'il ne m'est plus permis de conserver le moindre doute sur la trahison de Marguerite, que je songe à me tuer. Il y a de longs jours que ce devrait être fait. Mais quoi! on est lâche, on a peur de la mort, et puis... et puis, il faut bien le dire, j'aime toujours cette femme, et, la nuit, sur mon grabat de détresse, je me tords dans des rêves qu'elle hante. Oh! j'ai eu toutes les faiblesses! J'ai songé à la reprendre quand même, telle qu'elle est redevenue; j'ai songé à accepter tous les partages, toutes les abjections. Je me suis moqué de moi-même, j'ai raillé ma jalousie: « Tu es bien scrupuleux, dis donc, pour un voleur! » Mais c'est plus fort que moi. La pensée qu'elle m'a trompé, qu'elle s'est vendue à un homme ou à plusieurs pendant tout le temps que je suis resté en prison, en prison à cause d'elle, me rend furieux... me fait voir rouge!...

Oui! comme je le disais en commençant cet écrit, je pourrais, demain matin, déjeuner avec elle dans notre petite chambre, auprès de la fenêtre d'où l'on voit le grand jardin d'automne et les beaux arbres dorés. Oui! ce serait délicieux... Mais si j'apercevais alors, dans les cendres du foyer, le bout de cigare de son « monsieur » de la veille, je serais capable de prendre un couteau sur la nappe et de le lui planter dans le cœur.

Je ne veux pas devenir un meurtrier. C'est bien assez d'être un voleur. Il vaut mieux mourir...

Mourir sans rancune contre elle, en me disant que ce qui est arrivé était inévitable, et qu'elle a été sincère, en somme, qu'elle m'a même peut-être un peu aimé, le jour où elle me fit cette promesse qu'elle n'a pas eu la force de tenir.

Adieu, Marguerite! Tu n'es pas mauvaise au fond, et en lisant ceci, tu pleureras un instant, je le crois. Mais tout s'oublie, et plus tard, quand un de tes amants de rencontre s'amusera à te faire raconter ta vie, tu seras vaniteuse comme toutes tes pareilles, va! Tu sauteras, pieds nus, hors du lit, pour aller chercher ces feuillets dans le tiroir du haut de ta commode où tu serres ton jeu de cartes et tes reconnaissances du Mont-de-Piété, et, après t'être recouchée, tu feras lire ma confession à ton hôte d'une nuit, toute fière de lui prouver qu'un malheureux homme s'est tué pour toi.

Ah! ah! Minuit sonne... Mon rat de cave va s'éteindre. J'ai déjà roulé en corde le drap de mon lit, et le barreau de la lucarne est solide... Du courage, et finissons-en!

Fille de Tristesse

Fille de Tristesse

AVANT de devenir célèbre en un jour, — le jour du vernissage d'il y a trois ans, où tout Paris devint amoureux de sa délicieuse *Musicienne des rues*, — le peintre Michel Guérard a connu la dure misère.

Sa mère, son admirable mère, qui n'a pas douté une minute de la vocation de son fils et qui est morte avec la fierté de le voir classé parmi les jeunes maîtres de l'école moderne, a vécu tout près de lui les terribles années d'épreuve, le consolant de sa tendresse, le fortifiant de son courage. Aussi, Michel, qui s'est évanoui de douleur, le jour de l'enterrement, au bord de la fosse ouverte, dans le cimetière Montmartre, ne prononce jamais ce mot : « ma mère », sans que sa voix tremble d'émotion, et le souvenir de la bonne et vaillante femme veille toujours, auguste et sacré, dans sa mémoire, comme une lampe de sanctuaire.

Michel avait vingt ans à peine et travaillait depuis dix-huit mois seulement dans l'atelier de Gérôme, à l'École des Beaux-Arts, lorsque mourut subitement son père, l'honnête caissier de la *Salamandre*, compagnie d'assurances contre l'incendie, d'une médiocre importance. La place était modeste, et le bonhomme ne laissait à sa veuve qu'une insignifiante épargne. La *Salamandre*, en souvenir de l'intègre et ancien serviteur, offrit à Mme Guérard, pour son fils, une place convenable dans les bureaux de la Compagnie. Le jeune homme l'eût acceptée par dévouement pour sa mère ; mais celle-ci refusa le sacrifice.

— « Non ! — dit-elle, en serrant longuement le grand garçon contre son cœur et en le baisant sur sa belle chevelure noire, toujours si sauvagement emmêlée, — non ! mon garçon, fais de la peinture, puisque c'est ton idée... Nous vivrons comme nous pourrons. » .

Et l'on vécut comme on put, c'est-à-dire fort mal, tout en haut de Montmartre, non loin du moulin ruiné, — dégénéré depuis en guinguette, — au cinquième étage d'une maison neuve, construite en boue et en crachats, mais d'où l'on voyait l'immense Paris comme dans un panorama, avec ses tours, ses flèches et ses dômes, et là-bas, là-bas, son enceinte de collines, grises dans la brume.

Michel n'avait là qu'un vaste atelier et une sorte de cellule sans feu, où logeait Mme Guérard. Dès le matin, — oh! la pauvre maman en bonnet de servante! — elle venait tout ranger dans l'atelier, allumait le poêle, nettoyait les brosses, cachait le lit de sangle de son fils derrière un paravent, puis elle disparaissait, le laissant travailler tranquillement toute la journée. A peine l'entendait-il, de temps à autre, invisible et présente comme un génie familier, remuer les cendres de sa chaufferette dans sa petite chambre, ou souffler le feu pour faire cuire le dîner, dans l'étroite cuisine. C'est là que le fils et la mère faisaient des repas de poupée sur une petite table de bois blanc, et l'on y était bien, en Décembre, près de la chaleur du fourneau.

Michel « buchait » comme un manœuvre pour gagner le pain du jour, de la semaine, du mois. Il bâclait — de grand matin, en été, le soir à la lampe, l'hiver — des dessins sur bois pour les publications illustrées, et la maman Guérard faisait des prodiges d'économie pour que son fils eût de quoi payer les modèles et peindre d'après nature, toute l'après-midi.

Il y eut de mauvais jours, de très mauvais jours. Depuis longtemps, les six couverts, la pince à sucre et la boîte à couteaux à manches d'argent avaient été vendus afin d'acquitter une note du marchand de couleurs. Quelquefois, pour acheter le dîner, — c'est étonnant, ce qu'un morceau de veau rôti représente de déjeuners froids, et l'on ne s'imagine pas tout l'avenir qu'a le reste d'un pot-au-feu transformé en rata et en vinaigrette ! — quelquefois, il fallait engager les autres débris du luxe bourgeois de jadis, tels que la montre d'or en forme de bassinoire, qui avait dû être à la mode sous le Consulat, ou même la broche encadrée de petits grenats dans laquelle miroitait, au cou de la veuve, le daguerréotype de feu M. Guérard. La brave maman connaissait, hélas! le chemin du Mont-de-Piété, et il y avait souvent une ou deux reconnaissances sous le « sujet » en bronze de la pendule, qui représentait une jeune personne embrassant avec désespoir le mât d'une barque en détresse.

Les Guérard étaient donc très pauvres; mais, comme beaucoup de pauvres, ils trouvaient encore moyen de faire la charité.

Sur le même palier qu'eux, dans une affreuse mansarde carrelée, logeait une pauvre ouvrière avec sa petite fille.

La femme, que les gens de la maison appelaient tous: « c'te pauv' Sidonie », n'avait jamais été mariée. Elle avait eu sa petite fille à dix-huit ans, âge où elle avait été presque jolie, — oh! une saison seulement, juste le temps d'être trompée et abandonnée par un vaurien, et de perdre sa fraîcheur et sa santé dans une couche laborieuse; — et depuis, elle avait toujours trimé pour gagner sa vie et pour élever son enfant. A trente ans, « c'te pauv' Sidonie » avait le dos voûté, les tempes grises, et il lui manquait trois dents par devant. Elle était très courageuse, très honnête, et faisait des journées à n'importe quel prix.

La petite fille, nommée Fernande, avait l'air d'une bohémienne : un teint de citron mûr, de longues mèches de cheveux noirs et crêpés, et des yeux qui lui faisaient le tour de la tête, comme on dit dans les faubourgs.

Michel, l'ayant vue jouer dans l'escalier, la trouva gentille, la fit poser pour un bout d'étude, et la maman Guérard la prit en amitié.

Cela faisait de la peine à l'excellente femme de voir cette jolie enfant polissonner dans la cour, — car sa mère revenait tard de son travail et l'école primaire fermait à quatre heures, — ou même quelquefois jouer à la main chaude sur le trottoir avec les deux gamins du savetier d'en bas, celui qui fredonnait, tout en martelant son cuir :

> *On les guillotinera,*
> *Ces cochons d'propriétaires.*
> *On les guillotinera,*
> *Et le peuple sourira.*

Mme Guérard séduisit donc la petite Fernande au moyen de quelques tartines de confitures. L'enfant venait chez les Guérard à la sortie de l'école; la veuve lui faisait apprendre et réciter sa leçon du lendemain, puis la laissait jouer dans l'atelier de Michel, qu'elle amusait, et qui crayonna d'après elle vingt croquis.

Fernande trouvait là bien des douceurs. On la retenait souvent à dîner, et, si maigre que fût la cuisine des Guérard, elle l'était moins que celle de « c'te pauv' Sidonie. » La vieille maman avait découvert, un jour, dans sa modeste garde-robe, une jupe encore très présentable, et y avait taillé pour la petite un costume qui, ma foi! avait l'air presque neuf. Une fois même que Fernande était revenue avec la croix et avait été première en géographie, — à quoi diable ça pouvait-il lui servir de si bien dessiner sur le tableau noir la ligne du partage des eaux? — maman Guérard, enchantée, avait fait cadeau à l'enfant d'une méchante paire de boucles d'oreilles, que la bonne femme conservait en souvenir de sa première communion.

Bref, les Guérard étaient en train d'adopter tout doucement la petite fille, quand « c'te pauv' Sidonie », en retard de deux termes, fut assez brutalement congédiée de la maison et s'en alla demeurer très loin, aux Amandiers. Elle emmena naturellement Fernande, qui fit ses adieux aux bons voisins, le cœur gros et les yeux rouges, mais qui ne revint jamais les voir, malgré ses promesses, et qu'on finit par oublier.

Le temps passa. Michel Guérard obtint ses premiers succès au Salon et commença à gagner quelque argent. Oh! pas beaucoup. Les toiles où ce peintre aime à fixer les types populaires sont empreintes d'une poésie sévère et mélancolique qui inquiètera toujours le bourgeois, et bien que tous les vrais artistes considèrent Guérard comme un maître, les amateurs opulents n'auront jamais un goût bien vif pour ces âpres tableaux, où la vie des pauvres est peinte par un pauvre.

Cependant, Michel exposa sa *Musicienne des rues*, à laquelle le jury, peu sympathique jusque-là, ne put s'empêcher de décerner une première médaille. La gravure popularisa en peu de temps cette dolente et maigre figure de jeune fille, ouvrant, pour chanter, une bouche si pure, et jouant du violon avec un geste si gracieux et si naturel. Maman Guérard, déjà bien malade, eut la joie de lire, ses lunettes sur le nez, dans le lit d'où elle ne devait pas se relever, les articles des journaux qui saluèrent en termes enthousiastes la gloire naissante de son fils. Enfin, Michel Guérard eut, dans l'art contemporain, sa place légitime, mais sans devenir pour cela beaucoup plus riche.

Or, deux ans après la mort de sa mère, — nous avons dit quel pieux et ardent souvenir il lui gardait, — Michel fut invité à un dîner qu'un de ses amis, un prix de Rome partant pour la Villa Médicis, offrait chez Foyot à quelques camarades d'atelier.

Michel — il allait avoir trente ans, et son deuil récent avait encore augmenté sa gravité naturelle — tomba au milieu d'une bande de tapageurs, tous plus jeunes que lui, aux allures de rapins, qui, après le chablis et les huîtres, étaient grisés déjà par leurs blagues et leurs éclats de rire. Au dessert, ces artistes, qui avaient tous dans l'esprit un idéal élevé ou tout au moins un goût délicat, rivalisèrent de cyniques propos ; et un grand diable de sculpteur ayant crié qu'il y avait, depuis quelques jours, de jolies « débutantes » dans un mauvais lieu du quartier Latin, à deux pas de là, la bête sensuelle qui dort au fond de chaque homme se réveilla tout à coup chez ces jeunes gens, et l'on se mit à hurler : « Allons chez Dolorès !... Allons voir ces dames ! »

Michel aurait bien voulu s'esquiver. Tant de

brutalité lui répugnait, et il avait bu modérément. Pourtant, par faiblesse, pour faire comme tout le monde, craignant les railleries peut-être, il suivit les camarades.

— « Bah ! — se dit-il, — j'en serai quitte pour payer quelques bouteilles de bière. »

Un quart d'heure après, toute la bande, après avoir gravi un étroit et sordide escalier, pénétrait dans le « salon » de Mme Dolorès, où sept ou huit malheureuses, en parures obscènes et ridicules, casquées d'énormes chevelures, étaient vautrées sur un divan circulaire. Elles saluèrent les nouveaux venus d'un « bonsoir, messieurs, » chanté par un chœur de voix traînardes et indifférentes, et Michel, entré derrière les autres, fut tout d'abord écœuré par une bouffée chaude où se combinaient les odeurs du tabac, du gaz, de la parfumerie grossière et de la chair de femme au rabais.

Tout de suite, on déboucha les cruchons, et l'un des jeunes gens se mit au piano. L'orgie à prix fixe commençait avec sa bêtise accoutumée.

Michel, absolument dégoûté, s'était assis dans un coin du salon, encombré par tant de monde. Il était content d'être oublié là et fumait cigarette sur cigarette.

Soudain, il sentit une main se poser sur son épaule.

— « Eh bien, monsieur Michel, vous ne me reconnaissez pas ? » lui demanda tout bas une voix rauque, une voix de vieille femme.

Michel se retourna et regarda la fille qui venait de s'asseoir, à côté de lui, sur le canapé. Elle devait avoir vingt ans tout au plus. Très brune, son souple corps serré dans un étroit peignoir de satin jaune, quatre grosses épingles de cuivre piquées dans sa chevelure terne et presque laineuse comme celle d'une femme de couleur, cette fille avait de grands yeux charbonnés, et n'aurait pas manqué de beauté, sans son ignoble maquillage et l'expression de dégoût et de fatigue qui fixait sur sa bouche la grimace de quelqu'un qui va vomir.

— « J'ai vu cette figure-là quelque part, » fut la première sensation de Michel en considérant cette malheureuse. Mais où ?... quand l'avait-il vue ?

— « Comment, — reprit-elle de sa voix cassée, — vous ne vous rappelez pas ?... Il y a dix ans... là-haut... à Montmartre... la petite Fernande ?... »

Michel faillit jeter un cri.

Il la reconnaissait maintenant. Oui! la jolie

petite fille que sa pauvre sainte femme de vieille maman avait fait sauter sur ses genoux et cette créature perdue, qui sentait le vice et la pommade, c'était bien la même personne. Elle le regardait d'un air ému et craintif; l'eau d'une larme retenue faisait briller ses yeux cernés au crayon noir, et sa bouche, sa navrante bouche tordue comme par une nausée, essayait piteusement de sourire.

— « Vous!... vous ici!... — balbutia l'artiste, suffoqué par l'épouvantable surprise.

— Depuis deux mois, — répondit la fille publique, que le cri de douleur de Michel avait fait rougir sous son fard. — Mais je ne dois rien vous cacher, à vous, monsieur Michel... Je fais la vie depuis cinq ans déjà... C'est bien vilain, n'est-ce pas? Pourtant, si vous saviez, vous m'excuseriez peut-être un peu. Là-bas, aux Amandiers, où nous sommes allées loger, ma mère et moi, en quittant Montmartre, personne ne s'est plus occupé de moi. Maman était toujours dehors pour ses journées; moi, je faisais comme avant, je courais dans la rue avec les gamins, à la sortie de la classe, et voilà, je suis devenue une « voyoute. » A quinze ans, — maman venait de mourir à Lariboisière et j'étais apprentie brunisseuse, — un mauvais garnement m'a débauchée tout à fait... Mais c'est toujours la même chose. A quoi bon vous raconter mon histoire ? J'en suis arrivée où vous voyez. C'est fini, n'en parlons plus... Mais je tiens à vous dire une chose, puisque je vous retrouve, c'est que les seuls bons moments de ma vie, — vous entendez bien, monsieur Michel ! — de toute ma vie, sont ceux que j'ai passés dans votre atelier, quand vous me promettiez deux sous pour me faire bien tenir la pose, ou quand votre mère... »

Mais elle s'interrompit brusquement et cacha son visage entre ses mains.

— « Oh ! j'ai honte... Je n'ose pas parler d'elle ici ! »

Michel eut le cœur remué de pitié. Il prit Fernande par ses deux poignets chargés de grossiers porte-bonheur en plaqué, lui écarta les mains de la figure et la regarda tristement.

— « Tant pis, — reprit-elle avec hésitation... — tant pis ! Faut que vous me donniez de ses nouvelles.

— Elle est morte, — dit le peintre. — Je l'ai conduite au cimetière Montmartre, il y a deux ans.

— Morte !... C'est vrai, pourtant, voilà dix ans de passés depuis ce temps-là, et elle était déjà bien malade, bien affaiblie... Quel chagrin vous avez dû avoir!... Morte!... Je sais bien que je n'aurais jamais pu la revoir... Une femme comme moi!... Mais, à mon premier jour de sortie, j'irai lui porter une couronne... Vous voulez bien, dites?... Les morts, ça sait tout, ça doit comprendre les choses et être indulgent... Vous me croirez si vous voulez, monsieur Michel. Je suis la dernière des dernières; mais je n'ai jamais oublié comme on a été bon pour moi, là-haut, à Montmartre... Et, vous savez, les boucles d'oreilles de petite fille qu'elle m'avait données?...

— Eh bien? — s'écria le jeune homme, saisi d'horreur à la pensée que ce souvenir de sa mère pouvait être dans ce lieu d'infamie, entre les mains d'une prostituée.

— Eh bien, du moment où je n'ai plus été sage, ça m'a gênée de les conserver... Et, un jour que je passais devant une église, je suis entrée et je les ai jetées dans le tronc des pauvres... J'ai bien fait, pas vrai? »

En prononçant ces mots, l'horrible voix de Fernande était devenue presque douce. Michel sentit deux larmes lui brûler les paupières.

— « Voyons, — dit-il tout tremblant, —

voyons, ma pauvre fille, quand on est encore capable d'un sentiment aussi délicat, tout n'est pas perdu... Pourquoi n'essayeriez-vous pas de sortir d'ici, de vivre autrement ?... »

Mais Fernande eut encore une fois son lugubre sourire.

— « La chemise que j'ai sur le corps n'est pas à moi, — répondit-elle, — et je dois trois cents francs à la patronne... Allez ! monsieur Michel, quand le vice vous prend une bonne fois, il vous tient ferme... Merci du bon conseil, tout de même, mais c'est impossible... Et puis, vivre tranquille, travailler ? Est-ce que je pourrais ?... »

En ce moment, une forte voix de femme cria derrière une portière à demi relevée :

« Réséda ! on a besoin de toi au petit salon. »

Fernande s'était levée, d'un coup, mécaniquement.

— « Tenez ! voilà qu'on me demande, — dit-elle au peintre, en reprenant sa voix de vieille et avec un regard dur, presque méchant. — Ici, je m'appelle Réséda... Adieu, monsieur Michel, ça m'a fait de la peine de vous revoir, et j'en ai pourtant assez comme ça, de la peine ! Adieu, ne pensez plus à moi, ou si vous y pensez, souhaitez-moi une bonne fluxion de poitrine, qui me retrousse en deux jours. »

Elle disparut, et Michel, profitant du désordre, — ses compagnons valsaient en ce moment avec les femmes, — gagna vivement l'escalier, puis la porte de la rue, et respira avec un grand soupir l'air froid et pur de la nuit.

Mais cette rencontre lui laissa, pendant les jours qui suivirent, un souvenir continuel, importun. Il ne pouvait chasser de son esprit la lamentable apparition de Fernande.

Elle se dressa devant lui, plus obsédante encore, quand il alla visiter la tombe de sa mère; car il trouva, posée sur la pierre funéraire, une couronne d'immortelles toute fraîche, sans inscription. La misérable Fernande avait tenu parole et avait apporté cet hommage à la seule femme qui eût été douce pour son enfance abandonnée, à celle qui l'eût sauvée peut-être, sans les circonstances, et eût fait d'elle une honnête fille tout comme une autre.

— «Qu'est-ce que ferait ma vieille bonne femme de mère, si elle vivait encore? — se disait Michel, en sortant du cimetière. — Cette malheureuse a beau dire, sa vie est un enfer et lui fait horreur.

Voyons ! pour payer sa dette, pour lui mettre dans la main de quoi louer et meubler une chambre, chercher du travail, se retourner enfin, un billet de mille francs suffirait. Justement, Goldsmith, l'américain, me donne trois mille francs, lundi prochain, pour les deux petits tableaux qu'il vient de m'acheter. Eh bien, il y aura un billet de mille pour tirer Fernande de l'égout... Tant pis ! j'en verrai la farce... et je suis sûr que maman approuve. »

Le lundi suivant, dès que le peintre eut touché son argent, il sauta dans un fiacre et se fit conduire au mauvais lieu, où il entra, la tête haute, en plein jour, devant les passants. Ah ! les passants, les autres !... Il s'en moquait un peu. Il avait sa conscience pour lui, le brave garçon.

— « Qui demandez-vous ? — lui dit une horrible vieille, qui vint à sa rencontre sur l'escalier.

— Fernande...

— Fernande ?... Ah ! oui, Réséda... Elle n'est plus ici... Mais je vais appeler ces dames.

— Non... Savez-vous où elle est à présent ? C'est à elle que j'ai affaire.

— Dans ce cas, joli brun, faut en faire votre deuil. Vous ne la trouverez plus, ici ni ailleurs. Elle s'est jetée à l'eau mercredi dernier.

— Elle s'est tuée! » dit Michel, qui eut froid dans le cœur.

Et il se rappela soudain que c'était précisément le mercredi d'auparavant, qu'il avait trouvé sur la tombe de sa mère une couronne d'immortelles, toute fraîche.

— « Oui, mercredi, — reprit la vieille. — C'était son jour de sortie. Elle n'est pas rentrée le lendemain matin, et nous avons cru d'abord qu'elle tirait une bordée. Mais la Picarde, qui sort le vendredi et qui a le goût d'aller à la Morgue, a tout de suite reconnu Réséda sous le robinet. »

Michel s'enfuit, effaré, et se fit conduire chez lui. Son atelier, où tombait, par le grand châssis, la lumière grise d'une après-midi de Décembre, ne lui avait jamais paru si triste. Il s'assit devant un tableau commencé, prit machinalement sa palette, son appui-main, son paquet de brosses, puis resta là, immobile. Il ne pensait à rien, se répétait tout bas, à chaque instant: « Elle s'est tuée, tout de même! » Il avait l'estomac brouillé et le cerveau vide.

Enfin, voyant qu'il ne pourrait pas travailler, il saisit au hasard — comme il le faisait souvent — quatre ou cinq de ses vieux albums, se jeta sur son canapé et les feuilleta d'un doigt distrait. Mais il se trouva que c'étaient précisément ses albums du temps qu'il demeurait à Montmartre, et voilà qu'il reconnaissait ses anciens croquis d'après la petite Fernande... Il y en avait d'informes, presque des caricatures, où elle ressemblait déjà — chose cruelle ! — à une femme, à la femme qu'il avait retrouvée. Mais, dans la plupart de ces rapides dessins, comme elle était gentille, cette enfant du peuple, avec ses gros souliers, sa jupe trop courte et ses cheveux crépus débordant de son petit béguin ! Un croquis surtout, le plus poussé, le meilleur à coup sûr, arrêta longtemps les regards de l'artiste. Il représentait Mme Guérard assise dans un fauteuil, et en train de dévider un écheveau de laine tendu sur les mains de la petite Fernande, debout auprès d'elle. C'était charmant. La vieille maman attentive à sa besogne, l'enfant toute droite, très sage, levant ses poignets et ayant soin de bien tenir ses deux mains en face l'une de l'autre. Une scène simple et intime, d'une grâce naïve à la Chardin.

Devant cette page d'album, Michel s'abandonna à la rêverie. Dire qu'il s'en était fallu de si peu que sa mère adoptât tout à fait la pauvre petite! Quelques mois de plus, et maman Guérard n'aurait pas pu s'en séparer. « C'te pauv' Sidonie » aurait volontiers cédé sa fille à la vieille dame, elle qui, avec ses journées et les secours du bureau de bienfaisance, pouvait à peine joindre les deux bouts. L'enfant aurait grandi dans ce milieu honnête, serait devenue une belle jeune fille. Belle! Elle l'était encore, dans son infamie! Un jour, Michel — il n'avait que dix ans de plus qu'elle, après tout! — se serait aperçu qu'il l'aimait, et maman Guérard aurait peut-être eu des petits-enfants à son lit de mort... Au lieu de cela, la petite Fernande avait vécu dans l'ordure, était morte par le suicide, et, à cette heure, elle était peut-être encore là-bas, dans la sinistre halle aux cadavres, sous le robinet, comme avait dit l'affreuse vieille!

Et, rêvant à tout cela, Michel se sentit si triste, si solitaire, il trouva le monde si mal fait, la vie si impitoyable, que, n'y tenant plus, il jeta l'album à travers l'atelier, se laissa tomber sur le canapé, la face dans ses mains, et se mit à sangloter comme une bête.

Les Sabots du petit Wolff

Les Sabots du petit Wolff

CONTE DE NOËL

Il était une fois, — il y a si longtemps que tout le monde a oublié la date, — dans une ville du nord de l'Europe, — dont le nom est si difficile à prononcer que personne ne s'en souvient, — il était une fois un petit garçon de sept ans, nommé Wolff, orphelin de père et de mère, et resté à la charge d'une vieille tante, personne dure et avaricieuse, qui n'embrassait son neveu qu'au Jour de l'An et qui poussait un grand soupir de regret chaque fois qu'elle lui servait une écuellée de soupe.

Mais le pauvre petit était d'un si bon naturel qu'il aimait tout de même la vieille femme, bien qu'elle lui fît grand peur et qu'il ne pût regarder sans trembler la grosse verrue, ornée de quatre poils gris, qu'elle avait au bout du nez.

Comme la tante de Wolff était connue de toute la ville pour avoir pignon sur rue et de l'or plein un vieux bas de laine, elle n'avait pas osé envoyer son neveu à l'école des pauvres ; mais elle avait tellement chicané, pour obtenir un rabais, avec le magister chez qui le petit Wolff allait en classe, que ce mauvais pédant, vexé d'avoir un élève si mal vêtu et payant si mal, lui infligeait très souvent, et sans justice aucune, l'écriteau dans le dos et le bonnet d'âne, et excitait même contre lui ses camarades, tous fils de bourgeois cossus, qui faisaient de l'orphelin leur souffre-douleur.

Le pauvre mignon était donc malheureux comme les pierres du chemin et se cachait dans tous les coins pour pleurer, quand arrivèrent les fêtes de Noël.

La veille du grand jour, le maître d'école devait

conduire tous ses élèves à la messe de minuit et les ramener chez leurs parents.

Or, comme l'hiver était très rigoureux, cette année-là, et comme, depuis plusieurs jours, il était tombé une grande quantité de neige, les écoliers vinrent tous au rendez-vous chaudement empaquetés et emmitouflés, avec bonnets de fourrure enfoncés sur les oreilles, doubles et triples vestes, gants et mitaines de tricot et bonnes grosses bottines à clous et à fortes semelles. Seul, le petit Wolff se présenta grelottant sous ses habits de tous les jours et des dimanches, et n'ayant aux pieds que des chaussons de Strasbourg dans de lourds sabots.

Ses méchants camarades, devant sa triste mine et sa dégaine de paysan, firent sur son compte mille risées; mais l'orphelin était tellement occupé à souffler sur ses doigts et souffrait tant de ses engelures, qu'il n'y prit pas garde. — Et la bande de gamins, marchant deux par deux, magister en tête, se mit en route pour la paroisse.

Il faisait bon dans l'église, qui était toute resplendissante de cierges allumés; et les écoliers, excités par la douce chaleur, profitèrent du tapage de l'orgue et des chants pour bavarder à demi-voix. Ils vantaient les réveillons qui les attendaient dans leurs familles. Le fils du bourgmestre avait vu, avant de partir, une oie monstrueuse, que des truffes tachetaient de points noirs comme un léopard. Chez le premier échevin, il y avait un petit sapin dans une caisse, aux branches duquel pendaient des oranges, des sucreries et des polichinelles. Et la cuisinière du tabellion avait attaché derrière son dos, avec une épingle, les deux brides de son bonnet, ce qu'elle ne faisait que dans ses jours d'inspiration, quand elle était sûre de réussir son fameux plat sucré.

Et puis, les écoliers parlaient aussi de ce que leur apporterait le petit Noël, de ce qu'il déposerait dans leurs souliers, que tous auraient soin, bien entendu, de laisser dans la cheminée avant d'aller se mettre au lit; — et dans les yeux de ces galopins, éveillés comme une poignée de souris, étincelait par avance la joie d'apercevoir, à leur réveil, le papier rose des sacs de pralines, les soldats de plomb rangés en bataillon dans leur boîte, les ménageries sentant le bois verni et les magnifiques pantins habillés de pourpre et de clinquant.

Le petit Wolff, lui, savait bien, par expérience,

que sa vieille avare de tante l'enverrait se coucher sans souper; mais, naïvement, et certain d'avoir été, toute l'année, aussi sage et aussi laborieux que possible, il espérait que le petit Noël ne l'oublierait pas, et il comptait bien, tout à l'heure, placer sa paire de sabots dans les cendres du foyer.

La messe de minuit terminée, les fidèles s'en allèrent, impatients du réveillon, et la bande des écoliers, toujours deux par deux et suivant le pédagogue, sortit de l'église.

Or, sous le porche, assis sur un banc de pierre surmonté d'une niche ogivale, un enfant était endormi, un enfant couvert d'une robe de laine blanche, et pieds nus, malgré la froidure. Ce n'était point un mendiant, car sa robe était propre et neuve, et, près de lui, sur le sol, on voyait, liés dans une serge, une équerre, une hache, une bisaiguë, et les autres outils de l'apprenti charpentier. Éclairé par la lueur des étoiles, son visage aux yeux clos avait une expression de douceur divine, et ses longs cheveux bouclés, d'un blond roux, semblaient allumer une auréole autour de son front. Mais ses pieds d'enfant, bleuis par le froid de cette nuit cruelle de Décembre, faisaient mal à voir.

Les écoliers, si bien vêtus et chaussés pour l'hiver, passèrent indifférents devant l'enfant inconnu; quelques-uns même, fils des plus gros notables de la ville, jetèrent sur ce vagabond un regard où se lisait tout le mépris des riches pour les pauvres, des gras pour les maigres.

Mais le petit Wolff, sortant de l'église le dernier, s'arrêta tout ému devant le bel enfant qui dormait.

— « Hélas ! — se dit l'orphelin, — c'est affreux ! ce pauvre petit va sans chaussures par un temps si rude... Mais, ce qui est encore pis, il n'a même pas, ce soir, un soulier ou un sabot à laisser devant lui, pendant son sommeil, afin que le petit Noël y dépose de quoi soulager sa misère ! »

Et, emporté par son bon cœur, Wolff retira le sabot de son pied droit, le posa devant l'enfant endormi, et, comme il put, tantôt à cloche-pied, tantôt boitillant et mouillant son chausson dans la neige, il retourna chez sa tante.

— « Voyez le vaurien ! — s'écria la vieille, pleine de fureur au retour du déchaussé. — Qu'as-tu fait de ton sabot, petit misérable ? »

Le petit Wolff ne savait pas mentir, et bien qu'il grelottât de terreur en voyant se hérisser les poils gris sur le nez de la mégère, il essaya, tout en balbutiant, de conter son aventure.

Mais la vieille avare partit d'un effrayant éclat de rire.

— « Ah! monsieur se déchausse pour les mendiants! Ah! monsieur dépareille sa paire de sabots pour un va-nu-pieds!... Voilà du nouveau, par exemple!... Eh bien, puisqu'il en est ainsi, je vais laisser dans la cheminée le sabot qui te reste, et le petit Noël y mettra cette nuit, je t'en réponds, de quoi te fouetter à ton réveil... Et tu passeras la journée de demain à l'eau et au pain sec... Et nous verrons bien si, la prochaine fois, tu donnes encore tes chaussures au premier vagabond venu! »

Et la méchante femme, après avoir donné au pauvre petit une paire de soufflets, le fit grimper dans la soupente où se trouvait son galetas. Désespéré, l'enfant se coucha dans l'obscurité et s'endormit bientôt sur son oreiller trempé de larmes.

Mais, le lendemain matin, quand la vieille, réveillée par le froid et secouée par son catarrhe, descendit dans sa salle basse, — ô merveille! — elle vit la grande cheminée pleine de jouets étincelants, de sacs de bonbons magnifiques, de richesses de toutes sortes ; et, devant ce trésor, le sabot droit, que son neveu avait donné au petit vagabond, se trouvait à côté du sabot gauche, qu'elle avait mis là, cette nuit même, et où elle se disposait à planter une poignée de verges.

Et, comme le petit Wolff, accouru aux cris de sa tante, s'extasiait ingénument devant les splendides présents de Noël, voilà que de grands rires éclatèrent au dehors. La femme et l'enfant sortirent pour savoir ce que cela signifiait, et virent toutes les commères réunies autour de la fontaine publique. Que se passait-il donc ? Oh ! une chose bien plaisante et bien extraordinaire ! Les enfants de tous les richards de la ville, ceux que leurs parents voulaient surprendre par les plus beaux cadeaux, n'avaient trouvé que des verges dans leurs souliers.

Alors, l'orphelin et la vieille femme, songeant à toutes les richesses qui étaient dans leur cheminée, se sentirent pleins d'épouvante. Mais, tout à coup, on vit arriver M. le curé, la figure bouleversée. Au-dessus du banc placé près la porte de l'église, à l'endroit même où, la veille, un enfant, vêtu d'une robe blanche et pieds nus, malgré le grand froid, avait posé sa tête ensommeillée, le prêtre venait de voir un cercle d'or, incrusté dans les vieilles pierres.

Et tous se signèrent dévotement, comprenant que ce bel enfant endormi, qui avait auprès de lui des outils de charpentier, était Jésus de Nazareth en personne, redevenu pour une heure tel qu'il était quand il travaillait dans la maison de ses parents, et ils s'inclinèrent devant ce miracle que le bon Dieu avait voulu faire pour récompenser la confiance et la charité d'un enfant.

TABLE

L'Invitation au Sommeil	3
Le Numéro du Régiment	19
L'Orgue de Barbarie	33
Le Convalescent	49
OEuvres posthumes	77
A Table	93
Les Pommes cuites	109
Lettres d'Amour	129

Mariages manqués 149
Jalousie. 193
Fille de Tristesse 221
Les Sabots du petit Wolff. 243

Achevé d'imprimer

le quinze novembre mil huit cent quatre-vingt-huit

PAR

ALPHONSE LEMERRE

(Aug. Springer, conducteur)

25, RUE DES GRANDS-AUGUSTINS, 25

A PARIS

www.ingramcontent.com/pod-product-compliance
Lightning Source LLC
Chambersburg PA
CBHW070619170426
43200CB00010B/1846